U0921341

『十三五』国家重点出版物出版规划项目
云南八个人口较少民族发展丛书

远去的游牧歌谣

蔡武森 / 著

云南出版集团 云南人民出版社

远去的

游牧歌谣

图书在版编目（CIP）数据

远去的游牧歌谣 / 蔡武森著．-- 昆明 ：云南人民出版社，2021.6
（云南八个人口较少民族发展丛书）
ISBN 978-7-222-20250-4

Ⅰ．①远… Ⅱ．①蔡… Ⅲ．①报告文学－中国－当代 Ⅳ．①I25

中国版本图书馆CIP数据核字（2021）第136813号

项目策划：苏映华
责任编辑：刘　焰
助理编辑：李明珠
创意设计：熊小熊
责任校对：董郎文清　张艳琼
责任印制：窦雪松

云南八个人口较少民族发展丛书
YUANQU DE YOUMU GEYAO
远去的游牧歌谣
蔡武森/著

出　版　云南出版集团　云南人民出版社
发　行　云南人民出版社
社　址　昆明市环城西路609号
邮　编　650034
网　址　www.ynpph.com.cn
E-mail　ynrms@sina.com
开　本　889mm×1194mm　1/32
印　张　10
字　数　210千
版　次　2021年6月第1版第1次印刷
印　刷　云南新华印刷二厂有限责任公司
书　号　ISBN 978-7-222-20250-4
定　价　41.00元

如需购买图书、反馈意见，请与我社联系
总编室：0871-64109126　发行部：0871-64108507　审校部：0871-64164626
印制部：0871-64191534

云南人民出版社微信公众号

目录 CONTENTS

第一章

从雪山江河走来

普米族是一个历史悠久的民族，是青藏高原氐族群南下支系的后裔，古称西番。西番包含有多个族源和语言相近的族种，涉及地域广阔。历史上，普米族是古代祁连山一带的羌人。很多史料都证明了普米族远在夏代早期就存在，由一支羌人经柴达木盆地进入巴颜喀拉山西北段的江河源头地区，在那里建立部落联盟，形成“築木”共同体，这“築木”共同体就是西番的一个支系。约于先秦时期，“築木”共同体之大部游牧迁徙至今川西北线，与从甘南南下而进入蜀西的“白狼羌”结成更大的群体，史称“白狼築木”。到汉代，“白狼築木”已分布到滇西北境内。唐蕃冲突时期，金沙江、雅砻江中游的“築木”随吐蕃势力推进到滇西北金沙江两岸。宋末，川西南“築木”随忽必烈南征的兵吏首领到达丽江，普米族随即在此繁衍生息。作为后世西番主体的普米族，明清时期在甘肃、青海、四川均有分布。云南境内，主要集中于滇西北丽江府属州、巨津州、维西县及永宁府（厅）、北胜州（水

普米族博物馆里的印象墙

北府）等金沙江沿边各地（即今云南兰坪、维西、宁蒗、玉龙、永胜）境内。四川境内，主要居于川西南建昌卫、越卫、宁番卫以及后来的冕宁、木里、盐源诸县。

第一节 古老的普米族

一个民族的形成与发展受到历史、地理、社会等诸多因素的影响。普米族的形成、变迁，经历了漫长的历史过程。

一、大江大河之源——族源

“吉吾布直懂，普米冉贡祖”是至今普米族人家喻户晓的一句普米古语，表明了普米族的来处。“吉吾布直懂”意为“雪水汇集之所”，即普米族来自有雪山的地方，来自雪山融水汇集之地。据考证和相关记载，这个地方作为普米族形成的地理源头，或位于青海境内巴颜喀拉山下的长江、黄河源头，抑或是川西贡嘎岭山

下的雪水融水汇集处。普米族先民“槃木”的形成地是青藏高原的江河源头，这一切在普米族为死者举行祭羊过程的仪式——“戎肯”的祭词中体现出来。现在的兰坪、维西、丽江、宁蒗和盐源等县普米族的丧葬仪式依然在使用这个祭词。这是给亡灵指出的归宗路线，终点是在青海的大江大河之源。宁蒗普米族古歌提到了青海的名山“岗日（玛卿岗日）”，金沙江、雅砻江、大渡河和黄河四条大河的源头及上游的许多地名含义都与普米族语义相同。由此可以看出，普米族先民“槃木”的发源地为青藏高原的江河源头。发源地东面是阿尼玛卿山和柴达木盆地东南沿的柴达木河，西面是金沙江上游通天河及其支流和澜沧江源头地区，西北面是巴颜喀拉山西北段和布尔汗布达山东段，东南面为巴颜喀拉山中段。整个地区略呈矩形，东南一线从玉树州觉拉一带起，经玉树、称多、巴颜喀拉山口直到玛卿岗日，横跨了通天河、雅砻江和黄河。西北一线从玉树州牙哥一带起，跨过通天河与楚玛尔河，经雅拉达泽山、布尔汗布达山直到柴达木河。东面从玛卿岗日北上到柴达木河，西面从觉拉经杂多直到牙哥曲一带。

清代余庆远撰写的《维西见闻纪》中记载：“巴苴，又名西番，亦无姓氏。元世祖取滇，渡自其宗，随从中流亡至此者，不知其为蒙古何部落也。浪沧江（澜沧江）内有之。”从中可看出，在宋末元初，生活在甘、青、川边缘地区的一部分留居的普米族先民曾与蒙古军一起，南渡金沙江进入滇西北澜沧江地区。剑川县志办收藏的明崇祯年间的《剑川石城碑记》又记：“崇祯十四年九

玉狮场村的普米族老人

月初口日开工至十六年口月口日竣工阖州缙绅士民为建城功德颂曰……各乡行夫甸头和……新（西）番村班河河行夫同尽心力。”康熙《鹤庆府志》之卷二十三《剑川州》中也记载说：“元世祖城，在治东四里，元世祖南征，屯兵于此，即今西番村。”西番村（新仁里）白族人传说，元世祖征滇时，带来了西域亲军西番军和维吾尔军，他们驻军的地方后来就被称为西番村。

由上述史料记载可以看出，普米族先民“槃木”的形成地是青藏高原的江河源头，普米族族源为我国古代西部的羌戎族群。

二、部落的群体——族体

普米族族体的形成与社会的发展密切相关。首先，普米族族体的形成与“羌”的历史不可分割。“羌”在夏朝及此之前的五帝时代已经广泛分布在陕、甘、青、川地区，不断地迁徙发展，呈现出向东、向西和向南辐射流动的状态。东进，在中原建立了夏朝及周朝。西进入了巴颜喀拉山地区。这一族群或因东进受阻而被武力驱赶，或因受战争驱逼征战西域，或因部落繁衍需要另辟新途，或因种姓内部冲突，陆续向西方青海腹地前进或向四川南进，与普米族族体形成有关的一部分羌人自祁连山经柴达木盆地从而进入巴颜喀拉山地区。

据史料记载，在新石器时代晚期，黄帝娶了很早以前就南下到蜀地定居的羌人之女“蜀山氏”。蜀山氏“产青阳及昌意”两个儿子，这两个儿子分别成为白狼羌和冉駹羌的先祖。《史记》记载：战国秦厉公时代，被秦国掳作奴隶的羌人爰剑，从秦国逃脱，一路艰辛，回到甘南故乡，率领族人致力于生产，族人迅速发展到100多个部落。到他孙子“卬”的时代，秦国正值秦献公当政，羌人常受威逼，“卬，畏秦之威”，带了种人从甘肃南部析支河一举迁入川西岷江、大渡河、安宁河、雅砻江流域。“卬”的子孙在三河流域地区分支为白马种、牦牛种、参狼种等。成为彝族、纳西族、傈僳族及一部分西番的先民。

南下川西，为白狼羌，又作白兰羌。“白狼”或“白兰”，是汉以前就生活在川西的“布朗”种姓自称的汉字书写。“布朗”则是旧西番中很重要的一个支系，它是普米族的两个族源之一，它的后代至今还生活在四川凉山州和甘孜州境内，自称“布朗米”或“布弄明”，说普米语。“布朗米”这一自称的来历，根据传说，是在远古采集时代，南下到川西的先民羌人，发现了柞树林里的野蚕茧，拾回家剥开蚕茧壳，取出蚕来充饥，他们把虫子叫“布”，因而自称“布朗米”。后来，他们发现柞树可以养蚕、蚕虫吐出的丝可以织衣蔽体，便转而从事养蚕丝织，其中多数人也

普米族一家人

不再自称“布朗米”了。

五帝时代，生活在甘肃南部、青海东南部和四川西北部的白马羌中的一部分，与一起进入青海西南部巴颜喀拉山地区游牧中“发”的一部分西进到雅鲁藏布江流域，融入当地土著和自东而来的濮人之中，成为藏族先民中的一个组成部分。滞留在青海西面的“发羌”融合成为自称“桀木”的族体，在金沙江、雅砻江、大渡河和黄河源头的草原和浅谷地带游牧。青海西南与川西地域相连，“桀木”和“布朗米”世代为邻，约在春秋时代，“桀木”人大规模迁入川西，与“白狼”融合为一个更大的族体。在《后汉书》记载中，经过融合的这个族体被称为“白狼木”，即后来史籍所指之“西番”。

“普米冉贡祖”普米语的意思是“普米人是住在四座山上的四个兄弟”，当时四个山谷里的部落结成了普米族体，今天的普米就是这四个部落的后代。结成“椝木”族体的四个部落，都以山谷为部落符号：第一个部落叫“萨雅崩巴贡”，第二部落叫“布米岁母贡”，第三个部落叫“俄尼里戛贡”，第四个部落叫“总沙丰阿贡”。前三个部落的部分遗裔今分布在兰坪、宁蒗和木里等县，第四个部落原来居住在青海“日拉达猜贡”，分布于青海“雅拉达泽”地区。

这些历史记载了普米族源远流长的历史，虽然受到各个时期战事和历史发展的影响，普米族人口数量不断发生变化，但是这个民族一直存在于历史发展的长河中，不断延续并发展至今。

三、族称的变迁

古时，普米族先民自称“椝木”“拍木”“拍米”，因方言土语差异又经长时间演变，至当代就有“培米”“批米”“春米”“乒米”“普米”等读音上的差别。各地普米族还有不同的自称，如兰坪、丽江、永胜的普米族自称“普英米”，宁蒗的普米族自称“普日米”或“培米”。“米”在普米语中的意思是人，“培”“普英”“普日”等都是“白”的意思。因此，普米的意思就是“白人”。普米族自称“白人”，与其自古崇尚白色、以白色象征吉利有关。关于“白人”有两种说法：一种是与普米族先民以白额虎为图腾有关，另一种则认为是由先民崇拜白海螺而得名。

其他民族对普米族则有不同的称呼，如藏族和纳西族称其为“巴”或“博”，彝族称其为“窝珠”，傈僳族称其为“流流帕”。汉文历史文献上称其为“巴苴”或“西番”。在普米族的他称中，“西番”一词在晋代已经出现。晋初张华《博物志》卷三《异兽》中载：“蜀中南高山上，有猕猴，长七尺，能人行健走，……西番部落辄畏之。”可知在蜀郡附近当时已有西番部落族群在活动。宋代《文献通考》中，“西番”与“吐蕃”则分别记载。文献记载中的西番，包括了几个族源、语言均相近的自称族群，普米族仅是其中人数较多的一支。其所包括的成分除普米族之外，还包括藏族的一部分。

中华人民共和国成立以后，国家对全国各民族进行了民族识

↑马背上的家什

➡马帮

别工作。1960 年 10 月，国务院根据本民族人民的意愿，正式定名为普米族。

四、姓氏的形成

据普米族民间传说，普米族最早的四个“布”（四个血统或四个氏族部落），其名称是冉祖、拔佳、尚、搓皮。冉祖和搓皮等主要分布在木里，拔佳、尚主要分布在盐源、宁蒗。据传说，联合为普米族四个部落的名称分别是萨雅崩巴贡、布米岁母贡、俄尼里戛贡、总沙丰阿贡，与这四个部落相对应的本民族氏族名称分别是格母、本牙、穹·空尼、嘎甲拉玛。

普米族原来没有汉姓，传说明朝洪武年间，中原王朝接管普米族聚居的川西南、滇西北一带地区后不久，这些地区发生叛乱。为了加强对这带地区的统治，明王朝调集军队，用六年时间平定了叛乱，之后对普米族各氏族进行详细的户籍登记，因此，普米族便有了汉姓。在格母部落中，汉姓记为杨氏、郭氏；在本牙部落中，汉姓记为熊氏、曹氏；在穹·空尼部落中，汉姓记为胡氏；嘎甲拉玛氏族，汉姓记为唐氏。普米族的其他汉姓大多是后来才有的，例如格母部落的汉姓除原来的郭氏、杨氏外，还出现了马、董、烟、肖、龙、宋、项等姓氏。

藏文拼写的“南语”
卷文原件（部分）

五、汉藏走廊的声音——语言

普米族学者胡文明主编的《南语：汉藏民族走廊的一种古代语言》是一部研究我国青藏高原古代历史、地理及语言的重要著作，主要介绍了青藏高原的地理概况，藏区行政与部落文化的区别，以及七八世纪藏东北地方史的情况。书里在讨论西羌、古代的氐与羌，以及南氐的历史关系的同时，专章讨论了“南语、西番语和羌语”的密切关系。从这个历史语言的考证和民族发展的地域确定，普米族的民族语言为普米语，属汉藏语系的藏缅语族羌语支，没有文字，完成依靠口口相传保留下来。历史上，木里和宁蒗一带的普米族，曾经使用一种简单的图画文字。另外，这

云南省省级民间艺人
和发元

里的普米族还使用一种用藏文字母拼写的文字，用来拼写普米族读音的原始宗教经典，用以记载本民族的历史传说、诗歌故事等，但主要是“韩规”（巫师）用于宗教活动，有学者称为“韩规文”经典。近代以来，普米族地区已普遍使用汉文。

2004年，兰坪县组织了普米族代表重走普米族迁徙路线的活动。代表们从兰坪出发，经过丽江、宁蒗，到了四川的盐源、木里藏族自治县，找寻普米族的足迹，沿途都得到了当地相关部门及普米族同胞的热情接待。木里县的宁朗、依吉、俄亚片区，发现许多藏族的语言与兰坪的普米语几乎完全相同。到了一个叫“俄西”的地方，与当地的同胞一起交流了相关习俗，发现当地的一些习俗也与兰坪普米族的习俗非常相似。

普米族生活在一个多民族聚居的环境之中，学习能力非常强，大多普米族人兼通其他民族的语言。兰坪县石登乡的回龙、大竹箐、川箐、仁甸河村的普米族如今完全可用傈僳话交流。啦井镇的桃树、挂登、长涧村的普米族，金顶镇的干竹河、高坪，通甸镇的水俸、龙塘的普米族大部分受到白族的影响，日常语言中的大部分都用白族语言交流。宁蒗县的翠玉乡一带的普米族，傈僳族语言非常流利，可用于日常交流。新营盘乡的普米族，有许多习俗和语言已被彝族同化。丽江石头乡的普米族，更多地接受了纳西族文化。

六、严谨的家族婚姻制度

普米族的家庭和婚姻经历了由母系制到父权制，到一夫一妻制的发展过程。新中国成立前，普米族的大部分地区都建立了父权制家庭，实行一夫一妻的婚姻。在宁蒗和永胜地区盛行大家庭，其中多数是父系大家庭，其他地区多系小家庭。只有居住在泸沽湖附近的宁蒗县永宁地区的普米族村落，实行走婚和母系制。

父系大家庭的家长并不独断专行，男性家长除主持日常事务外，重大问题由全家聚会商讨决定。家长由父亲和长兄担任，受到全家成员的敬重。

在过去，普米族家庭中的舅权很突出。舅权与父母等同，每年外甥要去舅父家拜年，儿女 13 岁行着裤子礼、穿裙子礼后也要去拜见舅父，舅父要赠给衣服、饰物甚至大牲畜。舅父对外甥儿女的婚姻有干预权，特别是外甥女，舅家有迎娶的优先权。出嫁的妇女死后要先向舅家报丧，舅父披着白毡来吊，婿方要小心侍奉。这些风俗习惯到现在还在一些村寨里存在着。

普米族的母系家庭只存在于泸沽湖边实行走婚的几个村寨，是由同一始祖的后裔组成的。亲兄弟姐妹属于同一个家庭，如果没有分开居住，姐妹的子女仍然属于同一个家庭。由于是走婚，母系家庭中不包括本户男女成员的配偶，他（她）们的配偶都住在各自的母亲家。姐妹所生的子女是这个家庭的继承人，而兄弟与其阿注所生的子女不属于这个家庭的成员。每个人都有自己的母亲和家庭，而生身父亲却是“局外人”。母系家庭的家长一般是由母亲或大姐担任。她是家庭的核心，受到全家的敬重。在母系制下，阿注婚所生的子女，只属于母亲。按传统习俗，男子无抚养儿女的义务，但有抚养外甥儿女的责任。在母系制下，儿童并不属于母亲个人，而是属于母亲的整个家庭，他（她）们都是家庭的继承人，将来也要赡养所有的长者。舅舅则把外甥儿女都看成是自己的亲骨肉。

现在普米族的父系制地区多是小家庭。平均每户人口 4—5 人。年长男子为家长，在家长领导下，家庭成员按性别和年龄实行分工。家庭财产实行男性直系亲属继承制，家产诸子均分，一般情况下幼子得祖房，父母留一份养老产业与幼子共同生活。

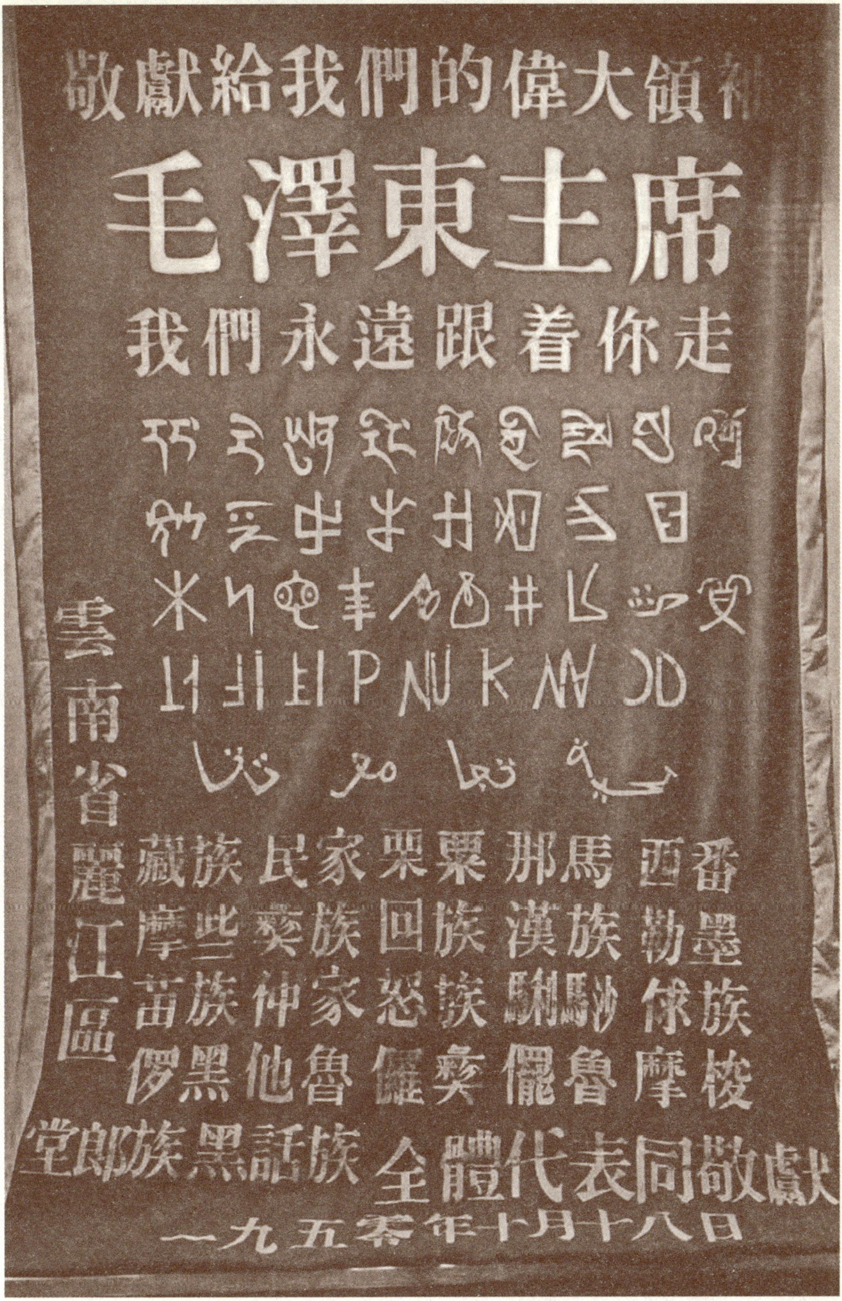
敬獻給我們的偉大領袖
毛澤東主席
我們永遠跟着你走
雲南省麗江區
藏族 民家 栗粟 那馬 西番
摩些 彝族 回族 漢族 勒墨
堂郎族黑話族全體代表同敬獻
一九五零年十月十八日

西番及其他民族敬献给
毛主席的锦旗

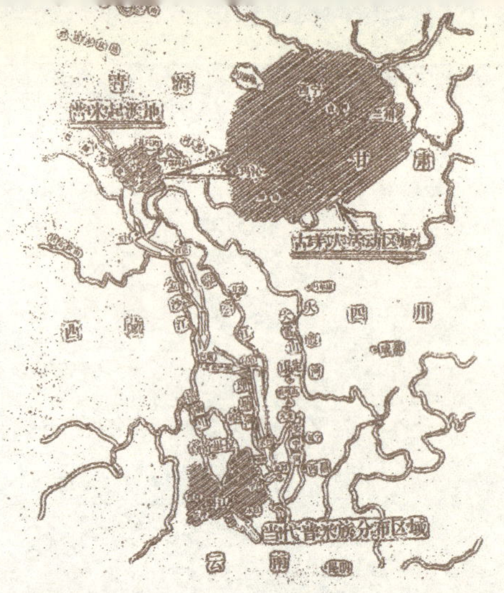

第二节　迁徙的脚步

普米族先民为寻找更适宜生活的乐土，他们从高寒的青藏高原地带沿着金沙江、雅砻江之间的谷地，逐渐向南迁徙到温暖低湿的川、滇边境地区，择水草丰茂的地方而居，曾在四川西大渡河两岸及雅砻江流域形成号称“百余国，户百三十万，人口六百万以上”的“白狼槃木”等氏族部落联盟。

我们从现在新营盘、永宁两地流传的普米族的传统祭祀送魂线路（归宗）途径中，可以清晰地看出这个民族的迁徙印记。

新营盘普米族的送魂线路是：乌给典苦→不多→瓦汉宗多（挖开桥）→黑尔格（石膏梁子）→巴及（蒗蕖坝）→包都（今包都街）→巴满（下麻栗平）→年包典（红桥坝子）→鲁地（白岩）→黄腊老→拉垮→落水苦刻（泸沽湖边）→宁乌（永宁）→尔及多

（温泉）→拖泽吾多崩波（拖泽核桃树下）→里丫祖→尔觉格巴（四川吾觉喇嘛寺）→色里（本里境内）→他巴（木里拖入乡）→木里格巴（木里喇嘛寺）→比子（木里三区境内）→冬铝（木里冬拉）→色巴地（木里境内）→贡戛尔松贡不仙宗多（贡戛岭铁桥）→马丫支这瓜乌（青海境内）→不丫散丫瓜乌（青海境内）→不米查那瓜乌（青海境内）。新营盘普米族的送魂线路从南到北，绕泸沽湖，过永宁，经四川而达青海境内。

永宁拖支西番坪普米族的送魂线路是：西沟乌→安口比→年木子苦糟格安乌→阿山曾口古→戛拉→拉瓦→拉瓦罗乌都→瓦都→拖泽→拖泽古米吾→泽你波→里让足→吾觉（四川境）→吾觉格巴（四川吾觉喇嘛寺）→拉不→拉不拉吾多→拖色古波逮→古波→古波打给垮→古波苏古波→古也苏古也→支沙尔→支沙苏娘鲁→安乌基枯垮→祖丫→木里瓦厂→木里格巴（木里喇嘛寺）→水洛丫怎→马散多戎（木里以北）。此条送魂线路从永宁拖支境内出发，沿西北方向经永宁戛拉村、拉瓦村、瓦都村、温泉乡，再往北经木里吾觉乡，通过四川境内一直送往北方祖先发源地。

两条归宗路线基本一致，最终到达青海境内。

第一次大迁徙由青海玉树、果洛迁入四川甘孜、阿坝和凉山，是普米族历史上的第一次大迁徙。这次迁移，为“总沙丰阿贡”部落兄弟留下了辽阔的草原，为迁移的三个“槃木”部落拓展了生存空间，促成了“槃木”和“布朗米”的大融合，促进了一部分“槃木”从游牧向定居农耕的转变。

普米族青年在篝火旁跳“搓蹉”

由四个部落结成的“桑木”族体在江河之源地区过着游牧生活，这里西邻吐蕃，东南紧接川西“布朗米”。在春秋时期，“桑木”的人口迅速增长，生产力有较快的发展，这一增长和发展与河源草场的承受力产生了矛盾。为了缓解这一矛盾，四个部落中除“总沙丰阿贡”部落外，其余三个部落陆续向南游牧迁移，进入川西“布朗米”的区域，与“布朗米”融合，结成后来被称为“西番”的大族体。南迁至川西的“桑木”，分布在西起巴塘理塘，东至贡嘎山一线及其南北的辽阔地区，少数则前迁至木里盐源等地。

第二次大迁徙大约在 7 世纪前后。在 6 世纪，吐蕃社会生产

赛马

力有了很大的发展，各个小部落先后进入奴隶社会。雅鲁藏布江之南林立的蕃部纷纷进贡中原隋王朝，雅隆悉补野部吞并了诸小国。论赞索弄和他的儿子松赞干布随后统一全藏。松赞干布时代，大力加强政权机构，制定法律，创制藏历和计量制，迎娶唐文成公主，内政外交都很成功，国力强盛一时。唐太宗和松赞干布驾崩后，唐蕃之间呈现友好交往与争夺利益交织并存的状态。禄东赞统治时期，唐国力渐衰，唐蕃之间和局破裂。吐蕃从几条战线向唐出击，在攻灭吐谷浑的同时，兼并了唐剑南道诸州，川西"生羌十二州"为吐蕃所据有，其中包括西番所在的广大地区。

从唐初至中叶，吐蕃向滇西北地区推进，曾属于吐蕃的西番人，由于历史上与吐蕃的同源近邻关系和现实中的杂居交融，文化经济方面与吐蕃十分密切。因此，居住在巴塘、理塘至康定一线及其南北地区的一部分西番人，随同吐蕃势力向南推进，到达金沙江南北两岸的宁蒗、永胜和丽江等地。这次大迁移，导致西番大分散局面的初步形成，使原本一体的“布朗拍米”语言文化因空间距离过长逐渐形成了如今的差异，但同时也极大地提高了普米族在多民族杂居局面中的适应能力。普米族的第二次大迁移，在很久以后的清代《皇清职贡图》上有简单的记载：“西番，本滇西北徼外夷，又名巴苴，流入永北、丽江二府，居深山，聚族而处。”

第三次大迁徙约在 13 世纪中叶，居住在甘孜州中部、凉山州南部，滇西北金沙江两岸的部分西番人，或因游牧，或因战争，或因避乱陆续向南迁移，其中行进最远者已到达兰州（今兰坪县）境内，并在此开发定居，繁衍生息。普米族游牧户进入兰坪县境内，为第三次大迁徙结束的标志，兰坪由此成为旧西番分布区域的南端。

“祭三脚”

第三节 探索中的发展

马克思恩格斯在《德意志意识形态》中指出：“我们首先应当确定一切人类生存的第一个前提，也就是一切历史的第一个前提，这个前提是：人们为了能够‘创造历史’必须能够生活。但是为了生活，首先就需要衣、食、住以及其他一些东西。因此第一个历史活动就是生产满足这些需要的资料，即生产物质生活本身。同时这也是人们仅仅为了能够生活就必须每日每时都要进行的（现在也和几千年前一样）一种历史活动，即一切历史的基本条件。”在人类社会发展的历史进程中，受各种因素的制约，普米族的社会经济发展比较缓慢。

在原始社会时期，普米族先民以狩猎、捕捞和采集为主要的生产方式，原始公社的成员共同参与劳动，平均分配食物，社会内部“无君长”，地位平等。各氏族过着居无定所的生活，生产力水平十分低下。直到近代，原始的平均分配遗风还有痕迹，如：撵山打猎、新酒开封，都是见者有份。父系公社时期已形成畜牧业和农业的分工，但属于单一的自然经济。这个时期，普米族都处在游牧时代。在中原地区进入封建社会很长时间后，普米族社会内部仍然是共同生产、平均分配消费品的原始社会。直到出现了农耕生产，蓄奴的现象和封建的小农经济才一同出现。《皇清职贡图》里写道："西番，……地种荞稗，纳粮。"说明了普米族的农耕生产早已经在普米族居住地区广泛进行。

在整个封建社会时期，普米族的社会经济是以户为单位的自给自足的自然经济。这个时期，畜牧业、农业、养蚕业、丝织业、盐业等有了一定程度的发展，生产工具有了进步，提高了生产力的发展水平。13 世纪进入兰坪的普米族，由于传统观念和客观原因，主要进行畜牧业生产。后来开发土地，定居农耕，农业和畜牧业兼营。在此期间，原始的生产结构逐渐解体，以家庭为主的农业畜牧业型的自然经济诞生，在主营农业畜牧业的同时，还结合山地特点，自给自足，进行林业、药材、家庭手工业等项目的生产。但是这一时期的封建剥削日益严重。木氏土司和兰州土司在普米族地区委任大、小伙头。大、小伙头替土司收取赋税和征派差役，各种名目的门摊户派逐渐加在普米族人民头上，农民的负担开始加重，人们苦不堪言。

民国末期，普米族地区土地占有量开始出现向少数地主手里集中的倾向。河西乡箐花村杨献廷一户，占有半山区旱地及河谷

水田 800 亩；水俸村一个普米族大户占有丰江高寒坝区旱地 300 亩，用对半分成或以亩定租的方式出租给普米族和白族佃户耕种。在此期间，普米族贫农户均占有土地仅为 5 亩。农牧产品的 30% 左右，被官府头人以各种名目征取，遇有天灾之年，农民以举债、典当出卖土地度日。

普米族以善于饲养大小牲畜和经营中药材而远近闻名。

普米族群众普遍勤劳聪慧，特别能勤耕善牧，能很好地安排家庭的生产经营活动，日常生活也井井有条，不仅发展愿望强，而且自力更生促发展的动力足。普米族地区社会风气好，传统道德的约束力强，社会矛盾和民族关系处理得好。

新中国成立后，普米族结束了封建制度，跨入了社会主义社会，广大贫苦农民获得了新生，通过清匪反霸、土地改革斗争，普米族同其他民族在中国共产党领导下参加社会主义建设。生活在兰坪县境内雪盘山区弩弓、挂登、箐头、联合等地的普米族人民群众以极大的热情投入社会主义经济建设中。普米族群众认为，普米族自古就是重视畜牧业的民族，普米族居住的地区自然条件不适宜以种粮为主的农耕生产。应该实事求是、因地制宜，大力发展畜牧业，便向上级反映了这个要求。兰坪县委根据雪盘山宜牧不宜农的实际情况，从河西、通甸、啦井 3 个公社划出胜兴、联合、胜利、东明、弩弓和挂登 6 个生产大队，成立了安乐公社，治所在今弩弓甸心村。安乐公社把这些普米族聚居地区的生产定位在大力发展林业、畜牧业和中药材种植上。建社之后，当地的畜牧业发展很快，规模不断扩大，毁林开荒的势头得到有效遏制，森林得到了保护。中药材种植在全县名列前茅，挂登大队生产的巨型麻株曾运往昆明展览，并送到北京国家农业展览馆展出。在党和政府的关心帮助下，这个时期，普米族的生产力有巨大的发展，生产工具得到改进，土地的管理使用、生产条件得到改善，农事活动的安排、劳动力的分工都比较合理，极大地调动了当地普米族人们的积极性，提高了生活水平。到了20世纪60年代初，由于三年国家困难时期，再加上缺乏养殖的经验和科技力量，畜牧业生产严重受挫，安乐公社于1963年在调整工作中被撤销，各生产大队归属原建制。虽然这样，安乐公社的建立，在当时，仍不失为一种解放和发展生产力的有益探索。

普米族人民在党和政府的领导下，依靠组织起来的集体力量，努力发展生产，经济取得了前所未有的发展。经过1952年的土地改革和1956年的民主改革，普米族地区完成了土地集体所有制。这些改革释放了普米族人民的生产热情，他们积极兴修水利，进行农田基本建设，促进了农业生产的发展，极大地改变了普米族山区贫困落后的面貌。他们在农闲季节，组成马帮，奔波于各地的集镇，从事贸易活动。党的十一届三中全会以后，全县普米族人民在改革开放的大好形势下，积极进取，勤劳奋斗，很快融入时代的大潮中，使当地经济有了显著发展，人民生活有了根本改善。改革开放的大好形势下，普米族人发扬了敢闯敢干、积极进取的精神，充分发挥善于经营的才能。个体户、小商贩、工商业主、私营企业家、国营企业的厂长经理等不断涌现，成为地方经济发展和群众脱贫致富的带头人。

普米族主要从事山地为主的农业，90%以上的耕地是山地，水田很少。其生产技术大致与邻近的白族、汉族、纳西族、傈僳族相仿。生产中普遍使用铁制犁、锌、斧、刀、钉耙、镰刀等工具。农作物主要有玉米、小麦、蚕豆、大麦、燕麦、青稞、荞麦等。用轮作和间种的方式提高对土地的利用和管理，提高农业劳动生产率。

普米族地区人们擅长饲养和放牧，畜牧业的发展有其传统优势。因此，畜牧业在普米族的生产生活中占有重要的地位。主要饲养牛、马、骡、羊、猪、鸡等牲畜。过去，普米族的放牧更多的是辛劳苦累。“牧场调”是普米族放牧时经常唱的调子。

↑牧羊

↓兰坪乌骨绵羊

古时候就有放牧人，
人养着牲畜。
牲口老了人也老了，
我觉得不相信，
但古人就有这个礼。
放牧人脚先苦，
要绕山绕水很辛苦。
放牧人早起晚归，
牲口赶到牧场上。
不停地跟着牲口走，

手勤砍树喂牲口。

采摘大黄叶子做猪食，

把牲口喂好了，

和同伴一起放牧。

绵羊满山坡，

黄牛满草坝。

猪群满山坳，

院里鸡鸭成群，

野草坝上马奔腾。

古人没有择日放牧，

人靠天吃饭，

畜靠人放养。

放牧人的苦衷说不完。

放牧就有放牧礼，

互帮互助做家，

左邻右舍帮放牧，

跋山涉水找牲口。

五畜还没有醒来时，

母亲已把我叫醒，

打开圈门去放牧，

早出晚归的是放牧人。

↑织布传承

↓织布

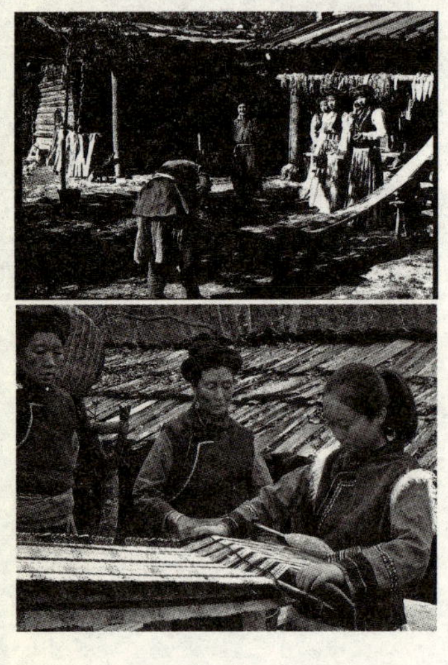

如今的“牧场调”却是另外一番景象，可窥见放牧生活在普米族人生活中的重要地位，也反映出在放牧中的快乐生活。

上牧场的放牧人，
在高山草坝上搭牧棚，
老人烤火暖又暖，
摇着竹棍赶牛羊，
放牧小孩很听话。
带着黄酒上牧场，
砍来青竹捆扫帚，
青竹扫帚最好用。
放牧的地方，
绵羊满山坡，
黄牛满草坝，
马群奔腾在草场，
牦牛满竹林，
放牧人唱着牧歌。
看着满山的青草，
茂密的竹林，
放牧老人乐呵呵。

如今，牧歌依然还在传唱。在兰坪县境内的普米族山寨，由

普米族博物馆

特殊的地理环境和独特的气候培育出一个独有的畜类品种——乌骨羊。乌骨羊，因其骨头和肌肉呈乌黑色而得名。它是在中国发现被确定为除了乌骨鸡以外的第二种具有可遗传性乌质性状的动物，在世界上也是独一无二的，是国家地理标志证明商标产品。这是属于怒江、澜沧江、金沙江“三江并流”世界自然遗产的核心区，拥有山坡草场、草甸 200 多万亩，发展畜牧业有着得天独厚的条件。这里是乌骨羊的原产地，在兰坪白族普米族自治县境内，也只有普米族居住的通甸镇弩弓、水俸、龙塘三个村有分布繁殖。

兰坪乌骨羊的毛色有白色、棕色、黑白花色、黑色等，乌骨羊与普通羊的区分主要看是否带有乌质性状特征，不看毛色。它的眼睛、口腔、牙龈和舌头也都是浅乌色。乌骨羊分山羊和绵羊，原产地的普米族群众长期把乌骨羊称为“黑骨羊”，2006 年国家正式将其名称定为“兰坪乌骨绵羊”。据测定，乌骨羊的肉中黑色素物质含量是普通羊肉的 16 倍，而黑色素已被证实具有消除体内自由基、抗氧化、降血脂、抗肿瘤、美容和益气补肾的作用，乌骨羊与其他羊种的主要区别在于它有独一无二的、极高的药用和保健价值。由于数量稀少且药用和保健价值极高而被公认为是中国最珍贵的畜禽遗传资源，并被列入《中国珍稀动物名录》《世界珍稀动物名录》和《国家级畜禽遗传资源品种名录》，足见该品种资源的稀有与珍贵。

普米族还有独具特色的手工业。关于普米族手工业的最早文字记录是在《维西见闻纪》中：“颇能习辟纑、缝纫之工……”随着时代的进步，普米族的手工业也不断发展，种类日益丰富，主要有纺织、酿酒、榨油、制糖、豆腐制作、木材加工以及砖瓦、裁缝、制革、蔬菜加工、编织篾器等。

纺织主要是制作麻布或毛布。心灵手巧的普米族妇女用绵羊毛、山羊毛或牦牛毛为主要的纺织原料，织出纹道细密、图案优美的毛布毯子、披风、腰带等。

普米族善于酿酒。凭借独特的工艺和配方，酿制的白酒、苏理玛酒（黄酒）及甜酒，口感独特，别有风味，深受人们的喜爱。

普米族民间用核桃仁、麻子、瓜子、菜籽、野生刺果制成不同用途的油。还能用玉米、小麦制糖，供春节、婚礼等重大节日及喜庆活动之用，也有少数人家将制成的糖出售。

普米族一般人家都能自制木犁架、木锄、木耙等生产工具及木盒、木桶、木瓢、木箱等生活用具，能修造木楞房及结构较复杂的屋架等。

在分工上，纺织、酿酒、榨油、煮糖、裁缝等，多由女子负责；木材加工、金属铸造、砖瓦生产、房屋建筑、编织篾器等，由男子负责。

普米族与外界有密切的贸易往来。过去，由于普米族多住山区，交通不发达，没有形成定期的集市，很少有商品交换活动，一般是外地商人带着生活日常用品进入山区，走村串寨，挨家挨户地开展交换。这些商人带来的是铁制工具、棉布、盐、茶等，换回普米族的猪膘或粮食。13 世纪以来，普米族陆续迁入云南的宁蒗、丽江、维西、兰坪一带定居下来，结束了迁徙的游牧生活，主要从事农耕，兼及畜牧、狩猎和手工业生产。后来，由于生产生活的需要也逐渐产生了季节性的赶马经商活动，北至四川木里、甘孜等地，南达丽江、大理。《宋史·蛮夷传》记载“入西番求良马以中市”，说明宋代时期普米族和其他民族已有了密切商贸往来。

解放前夕，普米族的商业贸易有了一定程度的发展，主要凭借当地的矿产资源、动植物资源和药材资源，以马帮运输为主，如宁蒗永宁、新营盘等地普米族男子，曾组织庞大的马帮搞运输，到康定、德钦、中甸、维西、西藏等地经商。直到二十世纪五六十年代，马帮运输仍发挥过积极作用。党的十一届三中全会以后，普米族地区的商品经济得到了发展，各地普米族群众踊跃经商，涌现出一大批专业户、重点户，普米族个体工商户骤增，使普米族地区的商业有了稳步发展。

普米族具有保护与发展并重的理念。在促进当地经济发展的过程中，普米族地区的人们在认识和改造自然的过程中形成了尊重自然，与自然和谐相处的自然观。普米族到达现在的横断山脉纵谷区中部定居，繁衍生息。这些地区地势呈西北高、东南低，金沙江和澜沧江由北向南贯穿全境，形成高山峡谷、小块盆地交叉相间的地形。著名大山有老君山、玉龙雪山、雪邦山等。河流有泚江河、巨甸河、白角河、通甸河、永春河等，分别注入金沙江和澜沧江。此外，还有著名的泸沽湖、程海等高原湖泊。普米族聚居地区气候主要属温带季风气候，山区属中温带湿润气候。由于地形高差突出，具有显著的立体气候特征。

在滇西北高原上，普米族现如今还生活在森林之中，这是普米族的显著特点之一。走进普米村寨，目之所及都是山林、山泉、草坪，让人印象最深刻的是普米族的土地和房屋都掩映在茂密的森林中。兰坪县普米族聚居地区为云南省重要林区。过去，普米族以氏族为单位划分林区和草场，公有林又分为“水源林”“山神林”“风水林”“松毛林”等，严禁砍伐。村子周围的山林又划分为“族有林”和“户有林”，各负其责，互不侵犯。自然的习惯和村规民约都不允许放火烧山。在“以粮为纲”的年代，村寨的森林遭到一定程度破坏。党的十一届三中全会后，实行家庭联产承包责任制，一部分土地、山林以家庭为单位进行管理，普米族群众极力保护森林，集体林和自留山又重新焕发生机。普米族群众大力植树造林，山头荒地很快恢复了植被。现在，普米族地区国有林、集体林和自留山都保护得非常好。

和国生是普米族聚居地罗古箐村人，在国家实行木材开发的年代，积极参与开发工作中，将罗古箐的优质木材源源不断地输送出去，支援国家建设。在经营木材过程中，他成了罗古箐的致富能手。但是他看到郁郁葱葱的森林日益减少，植被不断地被破坏，心里感到非常难过。于是，和国生决定将做木材生意积累的资金用来保护森林。在政府相关部门的配合下，他在罗古箐建了具有普米族特色的“半山酒店”，不仅为来罗古箐领略优美风景的游客提供了舒适的食宿条件，还将保护青山绿水作为自己的主要职责。

在普米族地区，有对树、山等一系列的图腾崇拜，每一个村寨都有自己的“树神”和“山神”。在普米族的祭祀活动中，有祭天地、祭龙神、祭山神、祭三脚、祭中柱等宗教活动。在祭山神的祭祀词中处处充满了普米族人对山、林的关爱之情。如：“是谁进入您的领地打猎，我们砍断他的脚；是谁进入您的领地伐木，我们砍断他的手。保佑您青山常在、绿水长流……”人们已经将

搓线

祭山神

保护森林作为发展的根本，把保护青山绿水付诸实践。到 20 世纪 90 年代后期，国家高度重视环境保护，特别是把兰坪的云岭、老君山、老窝山三个片区列入“三江并流”八大景区以来，国家层面的重视，当地群众认识的提高，人们保护森林的意识不断得到加强。兰坪的 212 个普米族聚居自然村，宁蒗、维西等地的普米族聚居村森林覆盖率都在 70% 以上。在兰坪县普米族聚居的罗古箐村，村民把古树称为母亲树、情人树，把罗古箐河称为母亲河，表达了人们对自然的尊重和热爱。

第四节　从《白狼歌》说起

东汉时，由“白狼”（布朗）和“槃木”融合而成的“白狼槃木”发展为川西强盛的民族，号称“白狼王国”。当时的白狼王仰慕中原文明，有举族归附中原的愿望，筰都夷白狼王唐菆率部从现在的四川西部一带，不远万里前往洛阳参观访问，受到汉明帝热情款待。席间，白狼王唐菆以民歌形式，编了三首情真意切的乐歌，献给朝廷，经汉官犍为郡椽田恭记音并译成汉文，刘珍又把这首歌载入《东观汉记》，后宋范晔又收入《后汉书·筰都夷传》，保存至今。后世称为《白狼槃木献歌》或《白狼歌》，又称《西部远夷之歌》，成为千古名篇。

普米语解读的《白狼歌》全诗共 3 章 44 句，每句 4 字，共 176 字，每句有相对的汉字译音，句数字数均与原文相同。近年来学者实地调查发现，《白狼歌》中出现的 34 个词，与普米语完全相同或仅略变异。语言学家研究证明，普米族是白狼古国的后裔。《白

狼歌》体现了早期普米族先民对国家有着强大的认同感，自觉融入中华民族大家庭，在历史上有着深远的意义。杨照辉对普米族有很深的研究，是研究普米族的学者专家，对《白狼歌》有非常深入细致的研究和辨析，在1987年第1期《民族文学研究》上发表了对《白狼歌》的辨析文章，对每一句的歌词都做了认真的解释：

远夷乐德歌

大汉是治（提官隗构），与天意合（魏冒瑜糟）。
吏译平端（罔译刘脾），不从我来（旁莫支留）。
闻风向化（征衣随旅），所见奇异（知唐桑艾）。
多赐缯布（邪毗椹铺），甘美酒食（推泽仆远）。
昌乐肉飞（拓拒苏便），屈伸悉备（局后仍离）。
蛮夷贫薄（缕让龙洞），无所报嗣（莫支度由）。
愿主长寿（阳雒僧鳞），子孙昌炽（莫犀角存）。

诗中第一句的第二行“与天意合”中的连词“与”字与名词“天”字，与后边加注的古普米语注音“魏冒瑜糟”中的形容词“魏”字与名词“冒”字译意有出入。现代普米语“魏冒”，汉意为“高天”，而译录者却错译成“与天”。第四句“多赐缯布”中的名词“缯布”两字，与后边加注的古普米语注音中的名词“椹铺”两字译意大体相符。现代普米语称“堪耐”，汉意为“麻布”。“缯布”中的“缯”字，是古代丝织品的统称，然而，译录者却把“麻布”改写成“绸布”。第五句的第一行“昌乐肉飞”中的名词“肉”字与动词“飞”字，与后边加注的古普米语动、名词“拓拒苏便”这句话的译意大致相符。“拓拒”是动词，“苏使”是名词，现代普米语亦称“拓拒什”。第六句的第二行“无所报嗣”，与后边加注的古普米语表示否定的副词加名词“莫支度由”的译意有点出入。现代

的普米语称“莫支度啰”，其中“由”字是语气词“哆”字的注音之误，实际上应注为“莫说恩啰”。“无所报嗣”与“莫说恩啰”的语义大体相近。

远夷慕德歌

蛮夷所处（偻让皮尼），日入之部（且交陵悟）。

慕义向化（绳动随旅），归日出主（路且栋雒）。

圣德深恩（圣德渡诺），与人富厚（魏菌渡洗）。

冬多霜雪（综邪流藩），夏多和雨（作邪寻螺）。

寒温时适（藐浔泸离），部人多有（菌补邪推）。

宁蒗永宁乡小落水村

涉危历险（辟危归险），不远万里（莫受万柳）。

去俗归德（木叠附德），心归慈母（仍落孳摸）。

第一句的第二行“日入之部”的译意有出入。现代普米语称“且交丁悟”，其中“陵”字是“丁”字的译音之误，汉意应为“这个地方”。第三句第一行“圣德深恩”，与后边加注的古普米语名词加形容词“圣德渡诺”的译意大致相符，现代的普米语中称“渡诺”，译成汉语为“恩给”，“恩”字是名词，“给”字是表示动态的谓语动词，名词“深恩”与“恩给”比较起来，译录者把动词“给”写成形容词“深”，与原义有出入，但大体说得过去。本句的第二行“与人富厚”，与后边加注的古普米语“魏菌渡洗”译意大

致相符，现代普米语称“阿标渡洗”，其中“魏菌”是“阿际”的注音之误，译成汉语意为“我上恩有”，“与人富厚”与“我上恩有”比较起来，原义大体上相符。第四句第一行“冬多霜雪”，与后边加注的古普米语“综邪流藩”的“综邪”两字大体相符。现代普米语称“综夜”，其中“邪”字是“夜”字的译音之误，译成汉语为“冬月”或“冬季”，而译录者把“月”或“季”字译成“多”字了，本句第二行“夏多和雨”，与后边的“莋邪寻螺”译意亦有出入，现代普米语称“棒夜穷哆”，其中“邪浔”两字是“夜穷”两字的译音之误，“螺”字是动态语气助词，相当于“了”字，译成汉语为“秋季下了”，指的是秋天下雨。从这里看出，译录者把“秋季”错译成“夏季”了。第七句第二行“心归慈母”中的“慈母”两字，与后边加注的古普米语的名词“仍路孽摸”中的“孽摸”两字，译意有出入。现代普米语称慈母为“去妈”，而称“孽摸”为“你妈”，其中“摸”字是“妈”字的译音之误。可见当时译者“夷人”之习狎，因录者不懂普米语，把“你妈”译成“慈母”，把“白狼”暗骂的话掩盖住了，当然被录的汉字上是看不出来的。从这里又出，当时“白狼歌”的作者白狼王，对歌颂汉统治者是不满意的。

远夷怀德歌

荒服之外（荒服之仪），土地墝埆（犁籍怜怜）。

食肉衣皮（阻苏邪犁），不见盐谷（莫砀粗沐）。

吏译传风（罔岷传征），大汉安乐（是汉夜拒）。

携负归仁（踪优路仁），触冒险陕（雷折险龙）。

高山岐峻（伦狼藏幢），缘崖磻石（扶路侧禄）。

木薄发家（息落服谣），百宿到洛（理沥发雒）。

父子同赐（捕茝菌毗），怀抱匹帛（怀稿匹漏）。

传告种人（传室呼敕），长愿臣仆（陵归臣仆）。

诗中第二句第一行，被译成“食肉衣皮”，译意有出入。“食肉衣皮”现代普米语读音应为“什子日归”，译成汉语为“肉吃皮穿”。按原注音“阻苏”是“子什”的译音之误，“犁”相当于“卿”字，是语气词，译成汉语为“吃肉卖缪”。第四句第一行“携负归仁”，与后边加注的汉普米语“踪优路仁”译意有出入。按现代普米语，“踪优路仁”应记为“宗夜锐征”，其中“路”字借用了汉字，译成汉语应为“冬月路走”。本句第二行“触冒险陕”的“陕”字是“峡”字之误，与后边加注的古普米语“雷折险龙”译意有出入。“雷”字是“丁”字的记音之误，“龙”是语气词，相当于“啊”字，译成汉语为“地险伯啊”。第七句第一行“父子同赐”，与后边加注的古普米语“捕茝菌毗”译意有出入。“捕茝勒比”现代普米语读作“布君勒比”，其中，“茝菌”是“君勒”记音之误，译成汉语为“兄弟们上”，也就是“兄弟们”之意。最后的第八句第二行“长愿臣仆”，与后边加注的古普米语名词“陵归臣仆”译意有些出入。“陵归臣仆”现代普米语读作“你勒臣布”，“阳”为“勒”的记音之误，译成汉语应为“你们臣做”。

《后汉书》记载的《白狼歌》有汉语译意，也保存着汉字记音，为后人留下了“白狼夷”语言的宝贵资料。不仅反映了普米族祖先“白狼夷”的来源，还反映了当时的社会环境、风俗习惯以及一些与汉王朝的历史关系。《后汉书》载：“秦献公初立，欲复穆公之迹，兵临渭首，灭狄豲戎。忍季父卬畏秦之威，将其种人附落而南，出赐支河曲西数千里，与众羌绝远，不复交通。……广汉羌是也；或为参狼种，武都羌是也。”秦献公兵临的渭首地方，约在现今青海省西宁南边，与甘肃东南部接壤的渭水源头积石山一带。古羌族当时从这带地区南迁到赐支河曲以西，约在现今青海省境内黄河源首的贵德县以西地区。后来又在秦汉时，逐渐南迁到武都地区，约在现今甘南的陇西以南地区。广汉地区，约在现今的四川省西北广汉地区。越巂地区，约在现今川西南的西昌地区，并各自化为不同的羌种。

从“荒服之外，土地烧确。食肉衣皮，不见盐谷”的诗句来看，《白狼歌》，还反映了古普米族居住环境和生活习俗。居住于今甘南、川北、川西南、滇西北一线地区的普米巴苴、西番人，由于地处高寒山区，处于半农半牧阶段，仍保留着原始的穿羊皮吃羊肉的习俗。同时，它也反映了古普米族首领白狼王与汉王朝之间从归附到成为臣属的关系，反映了古普米族与汉族友好团结、长期共处的关系。《后汉书·白马氐传》载“白马氐者，武帝元鼎六年（前 111 年）开，分广汉西部，合以为武都”，从这里看出，普米族人的祖先“白马氏”人，早在西汉时期的元鼎六年（前 111 年），就在四川西北的广汉地区和甘南武都地区，已经归附汉王朝，并向汉明帝贡奉，称为臣仆。到隋代，开皇元年（581 年）三月“壬午，白狼国献方物”，古普米族人民与汉族人民的关系更为密切。总之，从普米族的古族称“巴苴”的语义来分析，“巴”字，汉语义指古代巴蜀地方，即今四川省一带。“巴苴”这个族称即是古代在四川地方种植大麻的民族，因为“苴”字，指开花结实的大麻雌株。所以，巴苴、西番人民和汉族人民，以及其他各族人民，共同生活的历史是悠久的，《白狼歌》三章是普米族人民最早与汉族人民友好关系的历史记录。

唐代吐蕃向东推进，到今甘、青、川地区，西番处于唐朝和吐蕃反复争夺的地区。西番原臣属于唐朝，在唐蕃冲突中又不得不臣属于吐蕃统治者，为了摆脱两难的处境，冲突区的部分普米族先民随吐蕃沿金沙江、雅砻江两个河谷往南，向木里、中甸（今香格里拉市）和丽江流动，离开了冲突的中心区域。

13 世纪，忽必烈南征大理国，途中。西番的精兵良马被征入元军，随元军“革囊渡江”，经丽江南下攻灭大理国，首批普米族人因攻取和镇守而到达兰坪。没有随军南征的西番，在元朝初期的川西曾参与反元斗争，元朝政府派甘、青等地兵马进行围剿，西番遭受到残酷的镇压。

明代，木里（含永宁）西番信奉藏传佛教格鲁派，驱逐木土司在该地区支持的噶举派，木里与木土司之间发生宗教冲突。有一次冲突发生在今丽江白沙，西番人中有部分退入兰坪避乱。

清朝末期，河西三界普米族人鹿占魁参加杨玉科军队的抗法战争，弩弓人和福海参加了辛亥革命。民国六年（1917年）农历正月，兰坪丰登村傈僳族农民和沛三对国民党各级官员在兰坪的横征暴敛、草菅人命深感不满，发动了反压迫、反剥削的农民起义。雪盘山脉长涧、大竹箐、挂登、弩弓、干竹河一带的普米族人民群众，与白族、傈僳族一起参加了这次起义。起义队伍在县境内开仓济贫，惩处贪官，处决恶霸，占领县城，声威大振。尔后兵分两路，一路溯澜沧江而上，进到维西边界，一路东出兰坪，进至剑川、马登。后遭省军出剿镇压，大多数起义人员惨遭杀害，起义失败。

民国元年（1912年），兰坪设县，由丽江县划出六里半成为兰坪县属地。今河西乡普米地区和通甸乡河边、德胜二村当时为六里半中的顺化半里。这一地区设县前属于丽江县，设县后为顺化里，顺化里团首为箐口普米族人杨献廷。“里”的治所设在普米族聚居地羊山。1931年顺化里易名为“兴仁乡”，与通甸镇同属第二区，杨献廷为乡长。1940年，普米族人和文淬继杨献廷后任乡长，“兴仁乡”划归通甸镇。和文淬未以乡长名义履职，而以“通甸镇兴仁副镇”和“副镇长”的身份履职，使兴仁乡升了半格。1943年，以“语言不通，风俗不同”，尤其是门摊户派方面，县

河西乡联合村热水塘

府和镇府对这一地区存在着歧视和不公正。兴仁乡绅士村民要求设置“兴仁直隶保”直属县政府，以此摆脱通甸镇的管辖。当地普米族头人，先是团首杨献廷，后是乡长和文淬与通甸镇、国民党县政府之间，在治所和治权上进行了长期的抗争。治所方面，当地绅士、老民和团首坚持按惯例设在普米族地区中心地点——羊山。1947 年因与通甸官员矛盾，县府又将兴仁直隶保划归高山乡，普米族人杨泮香等不愿悬挂“高山乡直隶保”的牌子，而以“高山乡兴仁办事处”挂牌，杨泮香任副乡长，使得高山乡乡长难以插手普米族地区的事务。

1949 年，通兰武装暴动成功后，地下党派普米族党员和霁云到兴仁办事处发动群众迎接解放。他在普米族地区组织了人民解放斗争群众团体“同心社”。该社主要工作是发动群众，为全县解放做好后勤工作。“同心社”存在期间，接待过路过高山乡的七支队领导王以中等同志。“同心社”社长为松子园人杨国仕，同心社的工作直到同年 11 月兴仁乡人民政府成立才告结束。

箭杆场围歼战是在普米族地区发生的一场关乎兰坪革命命运的一次战斗。1949 年 11 月，云南省国民政府主席卢汉委任汪学鼎为“剿共”总指挥，命令其率领自行纠集的反动武装 300 余人，分东、西、中三路配合保安团围剿滇西北革命根据地，扬言“要与国民党云南保安团四路合击，八面围剿”，形成南北夹击、东西合围之势，妄图将人民解放军“边纵”七支队歼灭于兰坪、丽江、鹤庆、剑川一带，占领滇西北解放区。一支以中甸土司七跃祖为首的一股叛匪300余人在维西县城实施抢劫后，先窜至丽江打米杵一带，然后驮着抢来的大量财物，赶着骡马进入兰坪县境经河西来到通甸，沿途烧杀抢掠，无恶不作。匪徒所经过的村寨绝大多数房屋被烧光。牛马被掠夺，妇女遭奸淫，运不走的粮食就倒在院坝中让牲口肆意糟蹋，来不及烧毁的房子就用斧头砍断房柱捣毁。对此恶行，王北光义愤填膺、心急如焚，于是率部从中排出发，向通甸方向行进，当晚行至富隆厂宿营，半夜突然下起鹅毛大雪。第二天冒着严寒继续行军，当队伍到达通甸的西北角夹绵地时，发现附近的村民为避匪患，扶老携幼全部躲避到深山老林。王北光派了几名战士上山高喊："王北光带部队回来了，请你们快下山来。"村民听到喊声陆续下山，在得知战士们挨饿的情况后，纷纷拿出食物来给战士们吃。侦察情报反映，这帮匪徒从通甸进入上兰后，看见兰州坝子越来越宽大，恐怕遇到不测，就撤回下甸村宿营，打算从普米族聚居地的箭杆场北进丽江石鼓与其他匪帮会合。王北光与部队领导根据情报，经过分析研究，决定在箭杆场设伏打击敌人。随即率部队赶到箭杆场布置战斗，朱存义带领部队在垭口阻击，李子厚带领维西的武装由东西进攻，兔峨中队断后。通甸一带的群众，尤其是德胜沟的彝族同胞知道要消灭反动土司武装后，纷纷携带枪支、弩弓、大刀等武器加入战斗行列。12月4日11时左右，敌人进入伏击圈，一声令下，对数倍于己的土司武装展开打击，各伏击点一齐向匪徒开火，在垭口击毙8人。匪徒遭到袭击后，仓皇逃命。走在前面的土匪拉着马往前跑，后面的匪徒不敢往前走，中间的人马乱作一团，牲口受惊四处乱窜，匪徒东躲西逃。李阿土带领的骑兵队一马当先，奋勇杀敌。战斗进行了三个多小时，击毙10余名匪徒。当天夜里匪徒向维西方向溃逃，经过菜籽地时，匪徒又被埋伏在这里的20多名彝族青年打死4人、打伤数人。战斗中击毙匪首撒纳尼比、直肯宝等人，把夺回的200多头（匹）被劫牛马及部分粮食物品交还村民认领。这次以弱胜强的战斗，史称“箭杆场伏击战”，是发生在普米族村寨的一次重要的战斗。

新中国成立后，党和人民政府十分重视普米族地区的政权建设，普米族所在乡村普遍建立了由普米族公民主持的村一级基层政权。同时，从普米族翻身农牧民中涌现出一批活动积极分子，积极参与县内清匪反霸、土地改革、农业合作化等一系列社会改革活动的组织领导工作，成为普米族参与国家政治生活的中坚力量。党和政府把其中的优秀人才送到外地参观学习，到干部学校学习文化和革命理论，然后把他们放到乡、县领导岗位工作。这些人才从积极分子到乡区县干部，在普米族地区认真贯彻党的路线方针政策，重视普米族经济文化教育工作，向上级反映普米族人民群众的愿望和要求，赢得了党和人民的信任和鼓励，有的当选为地州和省级党代会代表、人民代表大会代表及政协委员，还有的当选为全国人民代表大会代表，有的当选为全国政协委员。

1959—1963年在雪盘山区设置过普米族为主的安乐公社，为了全面贯彻党的民族政策，进一步解放和发展生产力，加快民族

大羊村打古梅村村头的两棵桂花树

地区经济社会发展。1983 年 7 月，在兰坪县第五届人民代表大会第二次会议上，有 15 位人民代表提出《成立兰坪白族普米族自治县的议案》。这一议案报到怒江州人民政府、云南省人民政府和中华人民共和国国务院，国务院在充分调查研究的基础上，同意设置自治县。1987 年 11 月 27 日，国务院下达了《关于云南省撤销兰坪县设立兰坪白族普米族自治县的批复》文件。设自治县后，自治县人大常委会颁布了《兰坪白族普米族自治县自治条例》，普米族成为自治县的自治民族之一，是全国唯一的白族普米族自治县。

普米族是全国 28 个人口较少民族之一，主要分布在云南省西

中华人民共和国国务院

国函〔1987〕182号

国务院关于云南省撤销兰坪县
设立兰坪白族普米族自治县的批复

云南省人民政府：

你省一九八七年六月二十六日《关于建立兰坪白族普米族自治县的请示》收悉。同意撤销兰坪县，设立兰坪白族普米族自治县，以原兰坪县的行政区域为兰坪白族普米族自治县的行政区域。

中华人民共和国国务院

一九八七年十一月二十七日

文件

北部高原的兰坪白族普米族自治县和宁蒗彝族自治县，少数分布于丽江市玉龙纳西族自治县、永胜县，迪庆藏族自治州的维西傈僳族自治县、香格里拉市，临沧市的云县以及四川凉山彝族自治州的盐源县、木里藏族自治县、甘孜藏族自治州的九龙县等地，与当地其他民族杂居，在全国各省都有零星分布。1953 年全国第一次人口普查时普米族的人口为 1.2 万人，2010 年第六次人口普查时普米族的人口为 4.2 万人，2019 年底的统计数字表明，普米族人口有 4.44 万人。其中云南普米族人口占全国普米族总人口的 97.99%。

普米族具有悠久历史和古老文化。无论在古代、近代还是当代，他们百折不挠、自强不息、奋发向上，为国家的统一、民族的团结、社会的进步做出了重要的贡献。

兰坪白族普米族自治县成立庆祝大会

兰坪白族普米族自治县成立
三十周年庆祝大会

弹奏羊头四弦琴的普米族青年男女

罗古箐村的普米族

第二章

歌舞里的民族

歌舞是普米族精神世界里的一棵参天大树，植根于深厚的土壤，根深叶茂。这是普米族的先民在长期的迁徙过程中，面对特殊的自然气候条件，不断适应自然环境和社会环境的产物。它融北方草原、森林文化元素为一体，又包含大山大河文化的成分，加上长期与其他民族文化交往交融，创造了独树一帜的普米族文化。

第一节　远古的歌谣

清咸丰《冕宁县志》卷九《风俗志·夷俗》里记载："冕邑之西番、倮㑩、莫梭，性虽鄙野，近来沐浴圣化，不少读书识字之人，其平日歌谣，皆协情理，各登数首为夷歌志，是即夷人艺文志也。西番歌：'嘘咖吗叱哟咖叱，哟车呷格哟结叱。'此平常酒宴之歌，言己唱客也唱，人家虽唱，却在自家热闹。'热窝咱波吧勺，叠咧嗼喳曲吖；嗟著撒嗟著，结纳嗌吧遐著。'此饮会行走所唱，似有喜意。上二句言'东西过汉来在此，坝子来坐有名声'。"表明了歌谣贯穿在普米族的日常生活中，随处可闻。

普米族民间歌谣根据演唱形式和体裁内容划分为"哩哩"和"格黑"。"哩哩"是普米族对民歌的总称，汉语的意思是"吟唱、轻唱"。演唱者一般是学识渊博的长者和专门的民间艺人，在节日礼仪中和在一些风俗仪式的祭典上演唱。“格黑”汉语即“放声唱”的意思。

普米族的歌谣是这个民族历史发展与生产生活的表现，从内容到形式都凸显出普米族的特点。其歌谣内容丰富，表现形式多样，可划分为古歌、礼仪歌、劳动歌、情歌、苦歌、儿歌、叙事长诗等。

一、遥远的歌声——古歌

古歌多为创世神话和民族起源的传说，如《普米创世史诗》《开天辟地》《起源歌》等，特点是想象奇特，情节生动，用诗歌的方式诠释了天地万物和人类的起源。

《普米创世史诗》又称《帕米查哩》，“帕米”即普米，“查哩”即历史，也就是普米族吟唱自己历史的歌谣。史诗共有1036句，它以恢宏的结构，曲折生动的情节，引人入胜的故事，表现了普米族先民生存发展的整个历史过程。《普米创世史诗》由“采金光”“洪水朝天”“青蛙舅舅”“寻找仙女”“勇杀魔王”“英雄选亲”“天神考验”“种子的由来”八个部分组成。

那是遥远的古代，

天上没有太阳，

也没有星星和月亮，
天空一片漆黑茫茫。

那是遥远的古代，
地上没有鸟语花香，
也没有五谷食粮，
大地一片漆黑茫茫。

姐妹

不知过了多少年月，
突然有一道金光
在天地间一划就熄灭，
它给世界带来了希望。

这是《普米创世史诗》开头的部分，描写了宇宙的初始形态，以独特的视觉描写，道出了对宇宙的认识。初始是洪水茫茫的时代，没有万物之生、天地之别，分不出白天、黑夜，是漆黑一团的“混沌”，这与“盘古开天辟地”的传说十分相似，反映了普米族人对人类起源朴素的唯物主义认识。

接下来叙述了人们在认识和改造自然中，普米族先民与邪恶势力斗争，与恶魔战斗的故事。体现了普米族勤劳勇敢的品质和不畏暴力强权的气概，最终战胜恶魔，使天下得以太平。

⬆吹树叶

⬇对歌

三个弟兄有了住房，
就开始砍林开荒。
他们要种好庄稼，
才对得起太阳和月亮。

砍倒茂密的丛林，
挖翻肥沃的黑土。
要撒播喷香的荞子，
要撒播金色的麦种。
…………

妖魔鬼怪心肠黑，
妖魔鬼怪太凶险。
三位仙女为除魔，
天天忙着把箭练。
…………

在黑浪怒吼的海心，
出现了骑黑马的大汉。
那就是凶狠恶毒的魔王，
他飞马扑向白色的海浪。

老三连忙张弓搭箭，
瞄准了魔王胸前的斑点。
黑马在黑浪上飞奔，
那闪亮的斑点在飞旋。

老三奋力一箭射去，
只听哐啷一声巨响；
黑大汉一头栽下黑马，
滔天的黑浪飞快下降。

这时白海还在翻腾，
老三忙念“如意吉祥”；
白色的海浪马上下降，
茫茫大地一片宁静安详。
…………

《普米创世史诗》不仅是普米族的优秀文化遗产，也是世界文化中的灿烂篇章，具有多方面的价值，是普米族先民摆脱了蒙昧和野蛮而步入文明大门的写照。在生产生活实践中，力图揭示认识对象，在追求真、善、美的基础上，逐步揭示了人与自然的关系和人与人的关系。

另一部是英雄史诗《金锦祖》，它生动地描述的是普米族先人在狩猎时的情景，还塑造了一个英雄人物——金锦祖的形象。在普米族的传说中，马鹿是凶残无比、恶贯满盈的动物，给人类带来巨大灾难。

在汪洋大海中，
在深山密林里，
蹿出了一只马鹿。
它有追风的本领，
它有坚硬的犄角，
它给人间带来了灾难。
马鹿发怒生灵颤抖，
马鹿施威星辰无光。
马鹿的犄角划破天角，
马鹿吼叫大地倾斜。
马鹿踏过的地方呵，
寸草不生。
马鹿啃过的树木呵，
黄叶飘零。
大地变成了一座
黑森森的地狱。
万物哟失去了

参加集会表演节目的青年

往日的活力。

…………

而猎人金锦祖带着猎狗，背弓负箭，凭着勇敢、智慧杀死凶残无比的马鹿，补好天、填平地，使日月重光，人类安乐。

一道耀眼的蓝光，
划破漆黑的苍穹。
青石裂开了，
金锦祖出世了。
他扭了扭身子，
腰有一围粗。
他伸了伸手臂，
手有柱子粗。
他转了转脖子，
长成了一丈二尺长的汉子。
…………
金锦祖的弓有千斤力，
金锦祖的箭袋装万支箭。
他要去杀马鹿。
他要去斩马鹿。
他要补牢破损的天角，

拨口弦

他要顶平倾斜的大地。

…………

金锦祖挖出了鹿的眼睛，

星星就眨眼睛了。

金锦祖割下鹿的耳朵，

月亮露出了白白的笑脸。

金锦祖砍下了鹿头，

太阳跳出了山头。

金锦祖用马鹿的皮子，

补牢了破碎的天角，

金锦祖用马鹿的腿子，

顶住了倾斜的大地。

金锦祖将鹿血洒向万物，

草木山林有了生气。

金锦祖翻出了马鹿的肠子，

大箐小沟又有了潺潺流水。

金锦祖将鹿毛撒向田野，

五谷结出了金子。

金锦祖将鹿肠抛向山边，

美丽的彩虹出现在天边。

金锦祖把鹿肉分给人们，

人们重新得到了力量。

从此大地有了光明，
从此天空出现了彩霞。
从此人们重建家园，
从此幸福和欢笑充满人间。
…………

在传说中，金锦祖的手臂粗如柱子，眼睛大如拳头，他箭术精妙，力大无穷，体现了普米族先民的力量，这是普米族先民理想中的英雄形象。

另一部英雄史诗《支萨·甲布》，故事通过支萨·甲布深入魔穴，杀死魔王，救出母亲，为父报仇、为民除害的经历，塑造了一位正直勇敢的普米族青年英雄形象。

甲布骑着天马到山里，
找到怪兽的脚印比一比。
怪兽一步跃九丈，
天马只跨八丈九。

天马赛不过怪兽，
甲布不能去报仇。
他把天马牵回家，
精养苦练不罢休。

三春三夏又过去，

三年三月又到头。

天马长得英俊又健壮，

一步能跨九丈九。

弩弓、长刀和毒箭，

挎在甲布双肩；

装满毒血的猪尿泡，

拴在甲布的身前。

辞别孃孃骑上天马，

飞向黑暗的天边。

甲布在深山找到了怪兽，

仇敌间展开了拼死的决斗。

怪兽的利角对甲布猛顶过来，

天马扬蹄闪到怪兽身后。

甲布仇恨的宝刀，

把身边的树木斩断。

怪兽坚硬的独角，

把四周的巨石顶翻。

朝前三个回合，
朝后三次交锋。
甲布越战越猛，
怪兽越斗越凶。

从太阳东升，
战到月亮西沉。
甲布和怪兽之间，
三天三夜胜负难分。
…………

甲布已把怪物除掉，
骑着天马往回奔跑。
猛然想起去世的父亲，
调头要把父亲的根骨寻找。

天马拴在小柏树上，
一只黄蜂嗡嗡飞舞。
缠绕天马不愿飞开，
惊马挣扎着拔起了柏树。

甲布牵住天马，

看见柏树已被拔起

他扒开泥土细致察看，

父亲的遗骨就在土里。

小柏树生在父亲的心房，

杨花树长在父亲的头顶上，

小青松紧挨着父亲的手脚，

一朵鲜花在父亲嘴里吐香。

…………

普米族的古歌歌词朴实无华，一般是在喜庆、年节聚会的场所由老人吟唱，手法反复排比，易于记诵和流传。

二、彬彬有礼的歌声——礼仪歌

普米族是个能歌善舞的民族，在婚丧嫁娶、年节庆典等所有习俗礼仪中，都少不了歌舞的表现形式，少不了“哩哩”助兴。因此，形成了大量的礼仪歌。

普米族的婚俗礼仪歌从说媒开始到结婚成家，伴随着整个婚仪程式，便有《认亲调》《说亲调》《迎亲调》《开门调》等一系列热烈欢快、喜气洋洋的婚俗礼仪之歌。如流传在兰坪县境内箐花村的《认亲调》：

高高的青岩山上，
是我可爱的家乡，
我沿着山路走来，
一路上开满金花银花，
什么地方这样美丽？
是不是到了认亲的地方？
站在山梁上细听，
远方传来了唢呐声。
我沿着声音走来，
看见嬉闹人群从身边穿过，
什么事情这样热闹？
是不是到了亲家的门前？

为了摘一朵鲜艳的花，
我把丰厚的礼物献上，
亲家满意地祭了神仙，
从此亲事已定，
我把喜讯揣在心里，
高高兴兴转回家园。

普米族婚俗——为新娘梳妆

流传在宁蒗县托甸等地区的《迎亲调》是这样唱的：

像花一样的姑娘哟，
你来到了我的家。
我们用青松和檀香搭成彩门，
让你从那里进门。

你像一只娇嫩的金鹿，
来到了我家的草坝上，
草坝上四季都有青草，
不会叫你四处奔忙。

你像一朵盛开的杜鹃花，
栽在了我家的清泉边，
清泉四季都流淌，
不会叫你枯萎凋零。

你像一只吉祥的花鸟，
落在我家的树枝上，
吉祥的歌儿天天唱响，
我家飘满了吉祥的彩云。

普米族的祭祀歌谣庄重，普米族祭祀歌谣有《祭三脚》《祭山神》《祭中柱》《戎肯》等。流传最广的是《拜龙调》，是要在春节大年初一“祭龙”时唱的，流传在兰坪县的通甸镇、河西乡等普米族地区。

…………

在这新年新月新时辰，
家家都唱拜龙歌，
户户吟诵“拜龙调”。
趁这吉祥的日子，
我们用辛勤劳动的果实，
烹饪成丰盛的饭菜，
奉献给大海小湖里的龙王，
奉献给大江小河里有名有姓的诸龙。
感谢阿丝打希妈，
给大地带来了新的时光，
给人们带来了新的享受。
感谢阿丝打希妈，
给世人带来了智慧和力量，
给民族带来了幸福和希望。

…………

祭山神

为我们解除祸害吧！

家家户户唱的是，

百花争艳的歌，

芭蕉叶宽哟果实香甜的歌，

松柏常青的歌，

耸拱龙罗雪山哟高耸入云的歌，

茶瓦山连绵不断的歌，

比日止奔泻而下的歌

雪止清澈明亮的歌

牲畜体壮膘肥的歌，

子孙聪明伶俐的歌，

家庭团结和睦的歌，

人们安居乐业的歌。

注："阿丝打希妈"普米语意为"母龙"。

丧葬长歌《戎肯》也是最具代表性的祭祀歌谣。"戎肯"在普米语中就是"给羊子"的意思，普米族丧葬习俗中羊子是用来引领亡灵归宗的。共有36折加一个结尾善后祭祀词，它在葬礼中起着举足轻重的作用。长歌把死者的普米族游牧祖先由北往南的迁徙过程体现出来，长歌反复的嘱托和绵长而亲切的诉说，把生者对死者的哀思表现得淋漓尽致。从死者咽气（离世）到择定吉日入土，整个过程都有曲调哀婉、情感凄切的葬礼歌，如《指路经》《献饭调》《送魂调》《师峨调》等。即使丧事过了很长时间，每每想起这些歌词依然会让人潸然泪下。

…………

您就要离开人间了，

您就要离别亲人了

星宿不动了，

月亮不明了，

草木枯黄了，

庄稼霜打了，

您哟，

生是这一刻，

您哟，

死是这一刻。

喊您三次您没应声，

叫您三次您没转身。

您想说的不能说了，

您想喊的不能喊了。

您呵要离开亲人了，

您呵要成为祖先了。

祖宗等候您。

牧场山垭口，

山神护送您。

归宗的路哟，

在太阳升起的地方。

回头的路哟，

在太阳落山的地方。

白色的路是阴间的路。

绿色的路是牧场的路。

阴阳岔路口，

祖宗等候您。

朝着太阳升起的地方，

朝着月亮升起的地方，

朝着白云聚集的地方，

朝着祖先繁衍的地方，

大胆地走吧，

放心地去呢！

您哟要坐在爷奶怀里，

您哟要活在爹妈的身边。

阴间的鬼神呵，

善恶难分。

属虎的祭司告诫您呵，

善心恶意要分清！

今天是给您羊子的一天，

今天是给您指路的一天。

您做伴的牵手羊啊，

从千百只白羊中挑出的头羊。

烂草没有吃，

有是非的羊不送，

有污垢的羊不送，

有祸害的羊不送，

有灾难的羊不送。

送给您的羊哟，

是神圣洁白的一只头羊。

……

祝愿天下的人们哟，

像鱼水一样和睦相处。

像星宿一样常聚不散，

祝愿亲戚朋友哟，

要祝愿人寿年丰六畜旺，

要祝愿盛世太平福如海，

您听到嘱托了吗？

普米族节庆的歌谣浪漫。在逢年过节时有相应的歌谣，旋律轻快奔放、热情洋溢，都是体现欢送过去的一年，祈求来年吉祥如意、兴旺繁昌的。如流传在宁蒗县托甸、木底箐的《春节歌》：

啊哩呀哩，

新春佳节到人间，

青绿的松枝发芽了，

鲜艳的山花开放了，

春色染浓了山寨。

香烟在木房上飘扬，

火塘里闪着金光，

火塘边围挤着幸福的人儿，

在这美好的节日里，

我们把遥远的祖先怀念。

没有过去，

就没有现在。

没有开头，

就没有结尾。

没有真理和信念，

就无法翻过重重高山。

没有勤劳和勇敢，

就不能越过穷苦的深渊。

靠真理和信念，

能达到黄金的彼岸。

有勤劳和勇敢，

西宁骏马能配上金鞍。

“苏理玛”酒香又醇，

你一碗来我一碗，

美酒飘香千山外，

畅饮开怀心欢畅。

“猪膘肉”味道浓，

你一坨来我一坨，

汗水换来美味香，

普米家里不愁吃。

喝一口热一遍，

吃一块细品味，

祖先的遗言似珍珠串。

普米小组演唱“哩哩”

祖先的话语，

融化在酒碗里，

照亮了如锦似玉的前程。

白天过去是夜晚，

辛勤换来欢乐。

节日的夜晚多快活，
篝火旁围起了欢乐的舞圈。
心不散月儿圆，
祖先的话儿当歌传。
笛声脆亮又婉转，
相亲的伙伴舞翩跹。
唱歌又跳舞，
普米欢乐庆新年。
普米祝福又歌赞，
真理和信念随火花在飞溅，
酒满碗，茶满罐，
欢跳“锅庄”迎春天。

从普米族礼仪歌谣中，可以看出这个民族的宗教信仰和伦理道德，以及对自然的态度、对生活的热爱、对真善美的追求。

三、劳动的歌谣

普米族民歌，有大量的表现生产劳动的民谣，如《狩猎歌》《放羊调》《打麦歌》《纺麻歌》《赶马调》《推磨歌》等。这些民谣所表现的都是普米族特定的生产方式和劳动情景，集中体现了普米族居住地的环境、生产劳作的方式。如《打麦歌》唱道：

↑过去普米族劳动的情景

↓推磨

“书古”山上的杉叶红了，

“瓦哈”山上的香树黄了

“瓜布”雀子下山来了，

“比噜”雀子叫得欢。

普米山乡麦子黄，

丰收的喜悦声声脆，

打麦的时节到来了，

普米老少个个欢。

打麦场上歌声起，

白场坝上打麦忙，

姑娘一排打过来，

小伙一排打过去。

连枷“呼呼”下，

麦秆“波波”跳，

打完一场又一场，

三天三夜打不完。

注：“书古、瓦哈”是宁蒗托甸的地名，“瓜布、比噜”分别是布谷鸟、阳雀。

流传在兰坪河西玉狮一带的《放羊调》，内容轻快舒适悠闲，一片快乐的景象：

嘴含绿叶吹几调，

吹出心中真情来。

不知劳累不觉苦，

吹吹唱唱好轻闲。

箐水山松来做伴，
放羊娃娃不孤单。
茶花树上吹绿叶，
绿上加绿花上花。

太阳落山坡背阴，
数数羊儿赶回家。
手打一鞭离群羊，
口唱一曲放羊调。
唱给羊儿要听话，
唱给山神要晓得。
明天羊儿再上山，
山神管羊我悠闲。

《四季歌》将一年四季劳动的场景表达出来。

布谷鸟从南方飞来，
翅膀下带来了热气。
春天来了，
气候温和，
人们开始忙着播种庄稼。
夏天草木繁盛了，

人们忙着薅锄庄稼，

小伙与姑娘的木叶吹得多欢快啊！

遍山勃发的嫩树叶是青年人的伙伴。

大雁从北方飞来，

翅膀下带来了冷气，

玉米洋芋和荞子都熟了，

人们喜悦地忙碌着收获。

冬天枯黄的树叶是老年人的伙伴，

人们忙着积肥做好耕作的准备。

家家户户打响了庄稼鼓，

庆贺今年的丰收，

预祝来年的顺利。

总之，狩猎、放牧、打场、赶马、推磨、砍柴、纺麻……各种不同的生产劳动场景，都有相应的歌谣去表现它。在普米族的一些具体劳动场景中，至今还保留着“歌、舞、乐”三位一体的特殊形式。如打麦的场景，全村人都着盛装，老年人在场边做着小农活，孩子们在场边追逐嬉戏，青年男女配对挥舞木枷绕圈打场。“布谷鸟儿声声叫，打麦的时节来到了，麦架下面打麦忙……”随着木枷起伏有致的挥动，歌声此起彼伏，热烈欢快、进退自如的脚步，踩着悠扬悦耳歌声的节奏，构成一幅生动的丰收歌舞图画。在欢乐的歌舞中，繁重的劳动变得轻松愉快。

在火塘上唱歌的普米族男女

四、浪漫的情歌

普米族的情歌有着极其浓郁的普米族生活气息，如《哥是茶叶妹是盐》《隔河相望》《杜鹃花儿满林开》等，比喻生动形象，表达诚挚爽朗。一般来说，在家里或在长辈面前，青年们都羞于唱情歌，情歌多在赶马砍柴的途中吟唱，或在劳动的山坡上对唱。情歌对唱，既比试声音，也比试聪明才智。男女青年各为一方，你来我往，歌唱打趣，情满青山。如：

千里挖沟为栽秧，
万里隔河来找你。
今晚遇到小妹子，
实话不说不散伙。

雪山不化千年白，
江水长流每日新。
相会不图一时事，
十年百岁见真情。

打铁莫怕铁花飞，
好玩莫怕讲是非。
新盖瓦房莫隔夜，
要做姊妹莫透风。

丢金丢银也舍得，
小哥丢妹可忍心？
割心割肝妹割过，
哪有这刀割得深。

为你瞳过千条河，
为你翻越万座山。
手脚磨烂心磨碎，
哪里舍得丢开妹。

等你等到月亮落，
等你等到肝肠断。
这回与你同到老，
死了也要发连发。

唱“西番调”的普米族姑娘

盼你盼到太阳出，
想你想得心肝碎。
难为老天下大雨，
湿了地皮好栽花。

还有流传在泸沽湖畔的普米族情歌，更具有其地理的标识，天上、地上、水里的一切，都是比喻爱情的喻体：

男：大雁有一群，
鱼儿也有伴。
太阳和月亮，
天上成一双。

看着情妹孤单单，
搭你配对口难开。

女：鲜花千万朵，
哪朵花最香？
星星满天有，
你攀哪一颗？
既想妹嫁你，
开口有何难？

男：鲜花千朵都不香，

满天星星我不攀，

一心只把情妹爱，

金蝶只会恋牡丹。

阿妹何时再相会，

你我两个搭成双。

女：若是阿哥真有情，

鸳鸯配成双。

明晚顺山来找我，

屋后小树旁。

手捧香甜苏里玛，

专等哥来尝。

男：约好今晚来相会，

爬山又过水。

说在屋后树旁等，

不见情妹影。

阿妹为何要失约，

莫非又反悔？来回走动心不安，

肝胆要揉碎。

女：约好今晚来相会，
山里藏小妹。
试探阿哥爱妹心，
偷看把脸背。
看他爱妹如痴醉，
不把良心昧。
轻声呼唤阿鲁哥，
甜酒让你醉！

齐：烧香敬狮子，
成对不反悔。
磕头拜泸沽，
鸳鸯比翼飞。
头顶青山跪，
白头永相配。
打开玉石锁，
来年娶亲归。

女：妆台相思恋情郎，
酸甜苦辣都尝尽。
不见阿哥心惆怅，

何时娶妹离闺房?

丽江永宁地区普米族的民歌，不仅仅是反映阿注生活的恋歌，也有不少是唱给父母的，或者是儿女唱给父亲的。这一点在泸沽湖摩梭人的情歌中是听不到的，但在普米族中则司空见惯；这也说明普米族尽管接受了走婚、母系制，然而父权制观念还有一定保留，这就是歌颂父亲、赞美父母的事实。在普米族地区，由于父权制比较突出，封建意识严重，是不流行情歌的。但是在永宁比奇等八村居住的普米族却与众不同，他们普遍唱民歌，其中以情歌为主，也有反映母系制的民歌。

我是妈妈生的，什么时候生的忘了。
我要跟阿注通婚，事先要妈妈赞成。
什么事情都可改变，对妈妈的心不变。
妈妈养我我养妈，别的事情我不管了。
妈妈为我操够心，今后不必多惦念。
妈妈说过的话，只有受苦时才明白。
小时候不听妈妈的话，长大了才知道后悔。
祖先早已去世了，妈妈也跟着走了。
一天流三次泪水，想念亲爱的妈妈。
妈妈不在世了，什么事情都要学会。
妈妈去世了以后，家里失去了靠山。

我家姊妹很多，哪个都不瞎说。

家里有人说句话，我的心里就受不了。

妈妈不要想我，我会有出路的。

妈妈在世的时候，我是花园里的鲜花。

妈妈生我的地方，虽然穷困也不离开。

罗古箐——普米族情人节

永宁普米族与纳西族摩梭人一样，在青年人中间普遍流行情歌，其核心都是围绕结交阿注展开的，内容广泛、人人会唱。有趣的是，这些情歌在其他普米族地区是罕见的，甚至是不许传唱的，但在泸沽湖地区却例外。其中有些是普米族曲调、普米族歌词，有些则是从摩梭人那里学来的，是摩梭人对普米族的影响在民歌上的反映。

女子追求男子的情歌：

不用为我夸口，姑娘像牛一样犁地。
前面有九条路，总要走一条路。
前面山上有套索，是我的阿注放的。
我不想你还好，想起你心就化了。
山上飞翔的鹦鹉，不用叫它就会来。
画眉在地上奔跑，它是在学鹦鹉叫。
金雀和银雀，我们一起去喝水。
马鹿在高山上，它总来河边饮水。
老鹰在空中飞翔，它要在山顶上歇脚。
杉树的外表不美观，里面的木纹最漂亮。
我们不是一家人，两棵树枝可搭起来。
山上乌云翻滚，路上遇到了阿注。
海里有一对水鸭，地上只有我们俩。
我把线团丢出去了，哪个抓住就抓住。
老鹰在高空飞翔，在寻找落脚的地方。
我们是长期的阿注，不要听信风言风语。
十五的月儿最圆，我与阿注在一起。

男子追求女子的情歌：

我是大山里的雄鹰，能降落在山脚下。
从山上往下看，有一个无边的大海。
海子里不是清水，而是牛奶汇集的海。
你是我心中的人，不用请人占卜了。
阿注你就等着我，我们一同去砍柴。
只要是我爱的阿注，路程遥远也找她。
人家说我俩相好，可惜还没有碰头。
金雀和银雀，我们一路去喝水。
下了九天九夜大雪，马鹿背上没落雪。
我俩在高山上走，赶到山下吃晌午。
垭口上起了乌云，我按你的话赶来了。
看清山上的道路，我要一心追上去。
天上有一对星星，地上有我俩二人。
本来我不想捉鱼，鱼的眼睛盯着我。
我俩是一对知心人，别人只好靠边站。
我们虽然在爬山，好像忘记了疲倦。
我跟阿注去砍柴，爬山越岭也不累。
垭口上积满了大雪，不骑马寸步难行。
房后有一棵大树，我要砍一根树枝。
阿注等待我吧，晚上我一定来访。

交阿注的情歌：

十五月儿圆又圆

十五那天什么圆？十五那天月儿圆。
柴堆里面有阿注，低声唱歌多欢乐。

阿注是茶盐

哥是茶叶妹是盐，有茶无盐味不鲜。
茶叶盐巴煨一罐，哥心妹心永相连。
哥是绿叶妹是花，花不离叶叶伴花，
花叶同根长一树，哥妹同心做一家。

送腰带

赶着马帮出远门，山清水秀真迷人。
绿水青山能忘记，难忘送我腰带人。

月儿亮汪汪

月亮出来亮汪汪，小妹约我去烧香。
别人烧香求儿女，我俩烧香求成双。

不分离

摘片树叶丢下水，树叶落水才分离。
捡个石头丢下水，石头飘水才分离。

金花银花

金花银花一处开，金雀银雀一同飞。
月亮星星一起亮，阿哥阿妹一家亲。

五、奇特的西番调

“西番调”是兰坪独有的普米族民歌，是普米族与白族大杂居后，普米族文化与白族文化相互交融的产物。这是在20世纪80年代搜集整理兰坪县民歌的过程中，根据民歌流传的地域以及当地居住的民族，将其命名为“西番调”。这个民歌被白族称为“白扣”。都是用白族语言来唱的调子，没有普米族语言唱的西番调，成为兰坪各民族文化交融的表现。

西番调的演唱一般采用假嗓、抖喉的方式，音调委婉柔美，是普米族民歌里的“美声”唱法。曲调有谈情说爱的，有叙事的，也有感念祖辈恩德的“多母扣”。每一首民歌都有其词牌名，如：“呼子朵”（花朵朵）、“呼呀俄”（花后柳）、“西庸庸”（心痒痒）、“咦丝咦”等。歌词格式采用“七七五”“七七七五”的词调格式，

即前两句或者三句是七个字，结尾句是五个字。如："呼呀俄"（花后柳）的歌词就是"三七一五"，"蒿枝发处花也好，水花开处鱼也多，妹子你是黑明子，不点火也燃"。"这段时间好想你，想你在这段时间，茶饭也不思"。

"呼子朵"（花朵朵）的歌词就是二七一五和三七一五的结合。

怎么开在这地方？

怎么开得这样美？

空羡慕这朵。

想变蜜蜂采你蜜，
想变老鹰盘上空，
想变水笔一对子，
插你胸口袋。

普米族西番调在兰坪民间流传很广，是普遍受人民群众喜欢的民歌曲调之一。如词牌为“咦丝咦”的民歌：

咦丝咦，
真想和你成一对，
真想与你飞一双，
可惜羽毛未生齐，
难与你双飞。

咦丝咦，
翅膀长齐才能飞，
到了岁数才订婚，
日子再比树叶多，
我俩还年轻。

唱西番调“呼子朵”

咦丝咦，
心上只有你一人，

身在牧场想着你，
什么地方才见你，
总在眼前飘。

咦丝咦，
想只想的你一个，
爱只爱你一个人，
五百年才一相会，
相好要百年。

咦丝咦，
太阳落到西山顶，
心里话要讲给你，
对待朋友心要真，
真心感情深。

咦丝咦，
走路要走笔直路，
说话要说真心话，
要做爱人也不难，
相爱要真心。

↑祭山神前每个人戴一根吉祥线

←普米族丧俗“给羊子”

六、痛彻心扉的歌声——苦歌

苦歌是普米族在旧社会经历生活痛苦的艺术反映。歌唱的场合不限，可以在砍柴、放牧、做客、行路等各种场合歌唱。苦歌普米语称“徐哩哩”，其中“徐”是“可怜”“穷困”的意思。它反映了普米族社会生活的各个方面，有在外当兵而思归的《出兵歌》，有媳妇道苦的《让人歌》，有唱孤儿生活的《伤心歌》，有歌唱父母之恩的《劝孝歌》，有少女抱怨父母包办婚姻的《抗婚歌》等。如《媳妇道苦歌》：

爹妈呀，

你欠下人家银子几百两？

你欠下他们银子几百钱？

连你的骨肉都舍出去给他们！

人家做儿媳脸庞红里透白，

你女儿我做媳妇时时哭！

每天我下河去挑水，

哭着下去，

哭着上来！

天啊！

天底下为什么兴嫁人！

我有亲爹妈可不得服侍，

为什么要服侍人家！

三年他们才给我一件单衣，

四年才摊着一双鞋。

穿单衣，穿单鞋，

可怜到哪天！

这些苦歌是旧社会穷苦人民生活的真实写照，如今已经没有了这样的生活场景。

七、赞歌献给共产党

随着时代的进步与发展，普米族的歌谣也与时俱进，在宁蒗地区流传着歌唱共产党的新民歌《歌唱共产党》：

天上的月亮
靠太阳的光辉来发光；
地上的草木，
靠沃土来抚养；
牦牛山的翡翠，
依花木来装点；
顶天的苍松，
靠峻岩来支撑；
香甜的苏里玛，
靠良来发酵；
冬天的冻冰，
靠春天的暖气来消融；
天亮前的黑暗，
靠雄鸡来啼晓；
遥远的路程，
靠勤快的双脚勇往直前；

↑普米族祭三脚

↓口弦合奏

如今幸福的生活，
全靠党的英明领导。

还有《共产党打开幸福门》：

百鸟欢唱离不开绿林，
肥大的果实离不开壮实的枝丫；
普米人民过上了幸福的生活，
是共产党打开了幸福的大门。

以及《香甜的苏里玛》：

用心弦拨弹的歌儿，
娓娓动听传四方。

在中央电视台展演普米族民歌

用粮酿就的苏里玛，

香甜味美醉心房。

用血汗收获的金秋硕果，

丰满足实金灿灿。

用双手致富的新生活哟，

张开了彩色的翅膀。

普米族的歌谣植根于几千年的历史沃壤中，在一代代普米族人的口传身教中传递下来，它汲取了生活的内容，有浓郁的民族风格和乡土气息，以独特的艺术形式呈现给后世一幅多彩的画卷。随着歌谣，我们走进了普米族山寨，走进了他们的生活，走进了他们的心灵。

第二节　磅礴的舞蹈

普米族的舞蹈是热情的，更是粗犷的，如大河之舞，气势磅礴。普米族舞蹈按来源可分为生活舞蹈和宗教舞蹈。生活舞蹈在普米语通称“搓蹉”，又称“羊皮舞”“打跳舞”。保留了古代歌乐舞三位一体的特点，“搓蹉”舞是一种以青年男女为主的集体舞蹈，人数少时三五人，多时数百人，甚至上千人。“搓蹉”动作幅度很大，动作频率高，体力消耗较大，以歌唱作为舞间休息或变换舞步的形式，地点一般在院坝、草坝等宽敞的地方。事先在场内燃起篝火，由四弦琴或葫芦丝伴奏，还以羊皮鼓加强节奏。人们围成一个圆圈或数个圆圈，不断变化队形，“对跳”“开门”“翻身”“二龙吐水”和“满天星”等尽情欢跳。它兼有交际和自娱自乐的功能，在喜庆场合和丧葬场合都适合，是最流行的舞种。

踩毡舞

“搓蹉”这个舞蹈有个传说，古时候有个暴君下令要杀戮、驱赶西番族，被驱赶的西番族把生死置之度外，集聚在翻山垭口，围着篝火，通宵达旦跳“搓蹉”；官方看到此景，大为惊讶，误认为经过篝火边的西番族人接连不断，不知人马其数……至今，普米族仍以粗犷的舞步，伴以铿锵有力的音乐节奏，显示出自己民族坚贞不屈的性格。

还有个美丽的传说，古时候，有个普米族小伙子，看到汉族戏班鸣篪吹竽，热闹非凡，自己也和他人合作制作了一把形如大三弦的“比柏”，也就是我们现在说的四弦琴。每当夜幕降临，他总是弹琴、跳舞。后来，仙女也喜欢陪他跳，直到鸡叫时分手；可分手时，仙女总是化身失踪。为了让仙女永留人间，小伙子趁再次跳舞时，用事先准备好的铜钱在舞场周围撒了一圈，意思是让仙女逃不出铜钱包围圈。到了鸡叫时分，仙子的确无法逃身，她苦苦哀求，但无济于事。东方已破晓，仙女就地化为奇花

龙塘村“端午节”在村里跳“撞跨”舞

异草……

“搓蹉”舞与妖精的关系，在普米族民间故事《世纂罗大祖》中也有这样的说法。妖精婆成天从地下爬出来，吸世纂罗大祖的三个妻子的血。有一天，世纂罗大祖让三个妻子上山看扣子，他独自一个人留在家。中午时分，妖精婆果然从地下爬出来，他用铁锤连连击退妖精婆，最后还是让妖精婆爬了出来。世纂罗大祖拿给妖精婆一只篮子去背水，他趁妖精婆去背水之际，将妖精婆

龙抱柱

拴人用的铁链换成麻绳。待妖精婆拴世篆罗大祖时，不用吹灰之力，麻绳断成几节，连续拴几次，照样如此。轮到拴妖精婆时，他把妖精婆拴得叫天喊地，并把妖精婆拴在水井边的一蓬白勾刺上，然后拿来一把“比柏”（四弦琴）边弹边“搓蹉”，妖精婆一惊，拔起白勾刺蓬逃命。他追到地下，只听妖精婆和其他妖精在窝里议论，世界上什么都不怕，就怕西番“比柏勘”。世上什么都不怕，就怕西番跳“搓蹉”。世篆罗大祖爬到妖精屋顶，照例弹四弦、跳舞，吓得大大小小的妖精往外跑，并爬到一棵干枯的大树上。最后爬上去的妖精是个秃手，他在妖精的秃手上拴一把松明，并点上火，令其跟着上树。须臾间，大树变成一棵火树，爬上树的妖精全部被烧死了……

沿袭至今的“搓蹉”，传说有十二套。在河西大羊一带有一种无伴奏“搓蹉”，有河西仁兴一带和石登、回龙、川箐、大竹箐的普米族、傈僳族中有一种变异的“溜留刮其”。随着时代的发展，各地的舞步都有发展，不同的舞步日趋增多。但表现手法大同小异，音型、节奏基本固定。

通甸龙塘、水俸一带跳的十二套舞步，其主要特征是：踏跺的力向为纵的关系（力点在重心脚前脚掌）、跨步（走步）的力向为横的关系（力点在胯部），退步时前俯，上身和下身力向相反，上前时（自然）后仰，上下身力向亦相反（力点在小腹部位之感觉）。力向为纵向关系的代表性节目有“登呸楞拉”（一边两脚）；力向为横向关系的代表性节目有“陡拜需徐蹉”（胯部相撞舞），力向（上下）相反的代表性节目有“综蹉”（团聚舞）的第一种跳法。

跳舞的速度一般为中速，速度慢时，舞步轻盈、飘洒，仿佛微风有节奏地牵动着衣裙，速度加快时，舞步粗犷、有力。

舞蹈的队形主要有（手牵手的）单圆圈、双圆圈及半圆圈，一般习惯向逆时针方向跳，也可按顺时针方向跳；若围成双圆圈时，同方向和不同方向的跳法均可，其次队形还有“对跳”“开门”“钻孔”“翻身”“二龙吐水”“满天星”等。跳舞时，不受时间、地点和人数的限制，参加跳舞的人可随时介入，也可先后起步，也可部分人舞，另一部分人边走边唱（民歌），等唱完后，又随之起舞。

舞蹈的音乐节奏型有 1/4、2/4、3/4、4/4、5/4 等，这五种节奏穿插使用，既保留了舞种的特点，又突出了独特的个性，再加进弱拍位置的手击羊皮声、筷子击木碗声及木板夹声，构成了一种特殊的节奏。如“碗筷舞”，这种节奏有规律地反复再现，从而形成了特别的节奏。这种不易被音乐工作者接受的节奏正是搓蹉节奏的风格所在。

《兰坪民间舞蹈》里详细记录了流传在兰坪县境内普米族“搓蹉”的十二种舞步。

（1）综蹉（团聚舞）之一：第一拍右腿微屈前踢 25 度，双臂自然前甩。第二拍右脚落地，左脚原地踮一下，双臂自然后甩。第三拍右脚向右横移一小步，向右微送胯，双臂同第一拍。第四拍做第二拍动作一次。第五至六拍做第三至第四拍，第七拍右脚踏地，左腿屈膝前踢 25 度，上身前俯，双臂后甩。

综蹉之二：第一至二拍左脚向左前方踢一下，微屈膝，右脚原地踮一下，双臂屈肘举至胸两旁。第三至四拍左脚落地，右脚在左脚旁踩地一下，双手向下甩一下，屈肘甩至胸两旁。第五至七拍右脚向右移一小步，左脚靠拢右脚旁，用前脚掌踩地两下，双手向下甩动两次，屈肘回到胸两旁。第八至十四拍做第一至七

↑鸡吃水

↓撞胯舞

拍对称动作。

（2）掖移蹉（相追舞）：第一至二拍右脚向右大迈一步，左脚落至右脚旁，成左“虚点步”，原地跺一下，双腿微屈，双手向下甩一下。第三至四拍左脚向左移一小步，成右“虚点步”，双腿微屈，轻跺一下，向左转身四分之一圈，双手向下甩一下，屈肘上甩至胸两旁。

（3）惹幽伟幽（左抬右抬）：面对圆心，手拉手围成圈。第一拍左脚原地踏一步，右脚前踢25度，双臂自然前甩。第二至三拍左脚压脚跟二次。第四至六拍右脚落地，做第一至三拍对称动作。第七至九拍做第一至三拍对称动作。第十拍右脚向右迈一步，左脚前踢25度，双臂同第一拍。第十一拍右脚原地小跳一下。第十二

拍左脚落地，双臂下垂。第十三拍右脚原地跺地一次，双臂同第一拍。第十四拍右脚向右移一步，双臂下垂。第十五至十六拍左脚在右脚旁跺地二次，双臂同第一拍。第十七至二十三拍做第十至十六拍对称动作。

（4）惹宋迟伟宋迟（左三脚右三脚）：舞者二人相面对，手握手（队形可为“满天星”，也可为一个大圆圈或里外两个圆圈）。第一拍左脚向左移一步。第二至三拍右脚原地跺地两次。第四拍右脚前抬，两舞者脚底相拍击。第五拍，右脚原地跺地一次，第六拍，做第四拍对称动作。第七至十二拍做第一至六拍动作。第十三至十五拍腿部动作同第一至三拍。双臂上举，甲舞者先踏左脚向左转半圆，乙舞者踏左脚向右转半圈，两舞者成背对背。第十六拍右脚向后踢，与舞伴脚掌底相拍击（也可前伸右脚与别的舞伴相拍脚底）。第十七拍同第五拍动作。第十八拍做第十六拍对称动作。第十九至三十拍做两次第十三至十八拍的腿部动作。第三十一至三十三拍腿部动作同第一至三拍。甲舞者先踏左脚向右转半圈，乙舞者先踏左脚向左转半圈，两舞者呈面对面，双臂于第三十三拍时值内放下。第三十四至三十六拍同第四拍至六拍动作。

（5）陡拜需徐蹉（臀部相撞舞）：面对圆心，手拉手围成圆圈，舞者为偶数，动作对称，以下动作以其一舞者为例。第一拍右脚向右迈一步，左脚前踢 25 度，双臂自然前甩。第二拍右脚原地踏步，双臂自然后甩。第三拍左脚落地，右脚靠于左小腿旁，送左胯，双臂自然下垂。第四拍做第三拍对称动作。第五拍同第三拍动作，同时舞者相撞胯部（注：起舞时，根据舞者的情绪，从第二拍或第四拍开始与左右两旁的舞伴相撞胯部）。

（6）惹楞喇伟大幽（左两脚右一踢）：自然站立，手拉手，面对圆心，围成圆圈，两人对跳。第一至三拍左脚向左移一小步，右脚前脚掌在左脚旁点地两下，身体向右微转，右手举至右前上方，左手在左前下方，与右手边对舞者相对。第四拍左脚前踢起25度，微屈膝。第五至六拍右脚落地，左脚向前踢起25度，微屈膝，左转身四分之一圈，右手向下甩动，左手举至左前上方。第七至十二拍左脚落地，做第一至六拍动作。第十三至十四拍左脚落地，　右脚在右前方点地一下，向左转身四分之一圈，左手向下甩动，左手向左前上方举起。第十五至十六拍做第五至六拍的对称动作。第十九至二十四拍做十三至十八拍的对称动作。

（7）弱垮可闪蹉（碗筷舞）：舞者左肩对圆心，围成圆圈，左手持一木碗，右手持一把筷子。第一拍右脚向前大迈一步。第二至三拍双腿屈膝，左脚在右脚旁跺地两次后，前踢25度，上身前俯，用筷子在左前下方击木碗两次。第四拍右脚原地小跳，上身立起。第五至八拍做第一至四拍对称动作。第九至十六拍同第一至八拍动作。第十七拍同第一拍动作。第十八拍双腿屈膝，双脚并拢，左脚跺地一次，头偏向右方，在左前上方击木碗一次。第十九至二十拍做十七至十八拍对称动作。第二十一拍同第一拍动作。第二十二至二十三拍双腿屈膝，左脚在右脚旁跺地两次，上身前俯，击碗两次。第二十四拍左脚前迈一步，右脚前踢 25 度，上身直立。第二十五拍左脚原地小跳。第二十六拍同第一拍动作。第二十七拍同第二十二拍动作。第二十八至三十拍做第二十一至二十三拍对称动作（注：起舞时，舞者根据自己的喜好，可在自己腰两旁、两耳旁、两腿之间及身前身后等位置击碗）。

（8）稀搓蹉（龙跳舞）之一：面对圆心，手拉手围成圈，舞者为偶数、左右相对而跳。第一拍，右脚踏地的同时，左腿屈膝向上提，举右臂，左肩对圆心，左手甩向左前下方，与相对舞者呈面对面。第二至三拍左脚前脚掌在右脚旁点地两次，右腿原地小跳两次，右膝随动势上下稍屈伸。第四至六拍做第一至三拍对称动作。

稀搓蹉（龙跳舞）之二：舞者手拉手，围成圆圈或半圆圈。第一拍右脚踏地一下的同时，左脚屈膝向上提起，双手自然向前上方甩。第二至三拍脚部动作同“稀搓蹉”之一的第二至三拍动作，双手随脚掌点地的节奏向下甩两下。第四至六拍做第一至三拍对称动作。

（9）拴妮拴隆拴令令之一：手拉手成圈，左肩对圆心。第一至三拍先动右脚向右方跑三步，第三步右脚落地的同时，左脚向前踢起 25 度，微屈膝，上身稍后仰，挺右侧胸。双手屈肘在胸两旁甩三次。第四拍右脚原地踮一下，双手向上甩。右脚向左勾回到左小腿前，屈膝，上身微前俯，目视左下方，双手屈肘。第七至十二拍做第一至六拍动作。

（10）拴妮拴隆拴令令之二：手拉手，面对圆心。第一至四拍右脚先动，向前跑三步，左脚向前踢 25 度，上身稍前俯，双手微屈肘，向下甩三次。第五至六拍左脚落地，右脚向前踢 25 度，微屈膝，双手屈肘甩至胸两旁，上身稍后仰。 第七至十二拍，向后退，做第一至六拍动作。

（11）举贝纵综蹉（鞋底相碰舞）：舞者甲手持一把四弦琴，乙手持用羊皮折叠而成的“羊皮鼓”，面对面。第一拍左脚向左移一步。第二拍右脚跺地一下。第三拍前伸右脚，两舞者鞋底相碰击。第四至六拍做第一至三拍对称动作。第七至十二拍同第一至六拍动作。第十三至十五拍左脚落地，右脚跺地两次，各自向右转半圈，两舞者呈背对背。第十六至十八拍原地做第十三至十五拍对称动作。第十九至三十拍腿部动作同第一至十二拍，不同点是，鞋底相碰时，舞者为屈膝后踢相拍击。第三十一至三十三拍左脚先跺地一次，右脚再跺地两次，同时，舞者各自向右转半圈，两舞者呈面对面。第三十四拍右脚向右移一小步。第三十五至三十六拍左脚跺地两次（注：跳此舞也可手拉手围成圆圈，第一至三拍与右手边的舞伴对跳，举右臂，第四至六拍与左手边的舞伴对跳，举左手，依此类推）。

（12）结尾舞：第一拍左脚前踏一步，右脚向左前踢 25 度，双臂自然前甩，身体随动作向左摆动。第二拍左脚原地小跳，双臂自然后甩。第三至四拍做第一至二拍动作。第五至六拍先出左脚，向前走两步，走时向左右扭胯，双臂自然垂立。第七拍左脚

↑在世博园跳《龙跳舞》

↓在北京跳《龙跳舞》

向左前迈一步。第八拍双脚并拢，屈膝向左前跺地一次，上身前俯。第九拍做第七拍对称动作。第十至十一拍双脚并拢，屈膝向右前跺地两次，上身前俯第十二至二十二拍做第一至十一拍对称动作。

除了这 12 种舞步外，还有“比朴蹉”和“仆瓦蹉”等。“比朴蹉”与流传甚广的“搓蹉”相比较，独具自己的特色和风格韵律。舞蹈时，始终保持颤动、腾跃的姿势，动作大方强健，气氛欢快热烈。其中的“夫佛蹉”（转身反复跳之意），舞蹈以偶数相互对称为主。动作活泼鲜明，变化迅速。“宋迟宋幽”，意为三步舞， 以膝的屈伸、颤动为主，同时加以挺腹和俯身为其特征。“若志厅”也叫“鸡吃水”，主要舞蹈以“跳转甩手”“蹬吸腿”动作模拟出鸡吃水、咽水、啄食神态等形象动作。“仆瓦蹉”意为踩毡角。踩毡角舞是普米族办喜事时迎亲仪式中的舞蹈，主要流行于兰坪县的德胜、水俸、龙潭、干竹河、高坪、挂登、弩弓、东明、联合等地。迎亲仪式是在大门外临时用松树枝、青竹子扎成的牌坊前举行。事先，将房屋里里外外打扫干净，并从院坝到大门外铺上一层青松毛，以示吉祥和洁净。当送、接亲队伍（送亲队伍人员为偶数，接亲队伍人员为奇数，一般双方各自为十来人）到达之前，主婚方前往半路“打际”（意为堵路敬酒）的人员鸣枪报信，主婚方到大门外等候。并在牌坊前横铺一床羊毛染色红毡，当送接亲队伍到达时，主婚方事先安排好的一位长辈立于红毡左前方，手持毛巾对宾客做作揖动作，接亲队伍中的主要成员主动

弹跳四弦舞的普米族汉子

上前，分别与迎亲大人对跳，再依次入席。

兰坪县境内《搓蹉》，队形变化丰富，舞步轻盈欢快，并在舞曲变换的间隙进行歌唱，且歌且舞，张弛有致，欢乐无限。在四弦琴伴奏下，由领舞者一人按节拍敲击卷裹的羊皮，鼓声伴舞，有时舞者还在腰间装一木板夹，互相撞胯碰击，发出特殊声声来增添舞蹈气氛和情趣。《龙跳舞》《碗筷舞》是最常跳的舞蹈。《龙跳舞》以连臂踏歌的形式，蜿蜒起伏地流动，变化出“龙开门”“龙出水”“龙翻身”“龙钻洞”“龙摆尾”“龙抱柱”“龙关门”“龙欢腾”等造型。舞步刚健明快，队形变化快速流畅，气势磅礴如长河一泻千里。《碗筷舞》在四弦琴悠扬欢快的旋律中，羊皮鼓轻快跳跃的敲击中，舞者手持木制碗筷敲打出清脆的节奏，

“对脚”“跺步”“翻身踢脚”“一边两脚”等舞步舒展舞动，似鸟儿快乐地飞翔。情绪欢快、节奏跳跃。还有“比扑蹉”是用芦笙伴奏，舞者们围圈或排成两排，手拉手相对起舞。舞蹈动作强健、变化迅速、活泼欢跃。

宗教舞是普米族舞蹈的一个重要组成部分，丧葬仪式中为亡灵开路时跳驱邪舞，下葬时跳名为“塞细蹉”的舞蹈。巫术活动时，巫师跳的是“醒英蹉”（傩舞）。“给羊子”时祭司口诵祭词，手舞之，足蹈之，或持刀握铃，腾挪纵跃；或击鼓纵横，伴之以咒语或猛吼；或模拟禽兽状，情态奇诡，音调高亢激昂，明快而短促，气氛威严而具震慑力。

四弦舞乐

⬆文化交流

⬇普米族舞蹈《龙跳舞》在北京平安大道上展演

第三节　独特的乐器

普米族的乐器，主要有羊头四弦琴、唢呐、笛子、葫芦笙、胡琴、口弦等。

四弦琴是流传最广、最受欢迎、最具代表性的乐器，几乎每家必备。关于普米族的四弦琴有一个民间传说故事，相传很久以前，有一个名叫“阿布”的小伙子爱上了美丽的姑娘“阿乃”，但阿布的爱意并没有打动姑娘的心。于是阿布将木头的一端刻成人头形状，用羊皮蒙住“脸”，又把木头的另一端削成人身形状，把四根麻线绷在这根木头上，制成了“四弦”乐器。他弹奏出美妙的音乐，回响在普米族寨子的上空。阿乃听到这些曲调，终于被阿布的真诚所打动，接受了他的爱情。

居住在兰坪白族普米族自治县河西乡联合村的普米族人杨

杨文锦弹奏羊头四弦琴

文锦是云南省省级“普米族四弦舞乐”非遗项目传承人。他不仅会制作四弦琴，还把普米族崇拜的羊头雕刻在四弦琴把上，成为“羊头四弦琴”。

四弦琴的琴架、琴箱为木质，以前音箱以羊皮或羊肚绷紧覆盖，琴弦用阴干的羊小肠绷紧拉细制成。据杨文锦介绍，四弦琴普米语称为“比柏”，“羊头四弦琴”叫“茸阔比柏”，琴杆叫“比柏若”，琴箱叫“比柏摆”，琴耳叫“念珠”，琴马叫“润”，琴弦叫“帅”。“羊头四弦琴”主要用于普米族舞蹈“搓蹉”的伴奏，流传于兰坪县境内的普米族地区。杨文锦在琴箱上绘刻代表普米族文化的符号，如羊皮包图案、吹树叶的图案、弹口弦图案、撞胯舞图案等。如今，羊头四弦琴成了普米族文化的一个符号。

普米族四弦琴在制作工艺、弹奏方法及演奏曲目等方面都独具特色。制作和弹奏主要是师传、家传、个人自学模仿。四弦琴音色柔和，定弦多样，和音丰富，节奏富于变化，有多种弹奏技

弹奏四弦琴

巧和丰富的曲目，舞步随弹奏曲目节奏的变化而变化，每一种节奏配以不同的调式。

四弦琴除用于“搓蹉”的伴奏外，也在日常生活中用作自娱性弹奏，弹奏的曲目不受限制，弹奏者可以任意发挥演奏。

杨文锦制作出的羊头琴、口弦等民族工艺品除了满足当地群众的需求外，大多数产品都远销昆明、北京、上海等地，部分产品还被北京美术学院、北京舞蹈学院、云南大学、贵阳大学等收藏，羊头琴甚至还走出国门，走进了亚洲、欧洲、美洲等地区的部分国家和地区，普米族的四弦舞乐也远播到了海外。

羊头四弦琴是普米族音乐舞蹈“形”和“神”的统一体。羊

杨文锦指导徒弟制作羊头四弦琴

头四弦琴能完美演奏“搓蹉”的12种舞步曲目，是普米族舞蹈的灵魂。12种曲目和12种舞蹈相结合，每个舞蹈段落间又加上轻松的演唱，形成了“歌、舞、乐”三位一体的表演形式。四弦舞乐深受人们的喜爱，在各种喜庆的场合都可以跳，少则十几个人，多则成千上万人都可以一起狂欢。四弦琴的弹奏指法和姿势要配合得当，由左手扶起琴杆，手指按照音乐的旋律按四根弦，食指、中指及无名指配合左手按住弦的各个相应的位置而产生不同的节奏与旋律，其中，右手拇指控制第二、三、四根弦，食指专拨第一根弦。

四弦琴的弹奏有单音弹奏与重音弹奏，单音弹奏即单弦弹奏，是普米族四弦琴弹奏方法中最基本也是最简单的弹奏方法。重音是相对单弦弹奏的一种和弦弹奏方法，是用拇指和食指同时弹一、三或一、四两弦。两弦的音量为：主弦音高，伴奏音低，依弹奏曲目的旋律而定，两指击弹轻重程度可见弹奏者水平的高低。

还有休止弹法与续音弹法，休止弹法，即隔音弹法，是通过用左手指对琴弦进行切音，从而中断主音后的余音。续音弹法是两个完整乐句之间不需切音中断，而是采用某个过渡音把两个乐句有机衔接起来。

再有就是四弦的实弹与虚弹，实弹是用手指击弹琴弦发出的声音，而虚弹则是不需要去弹琴弦，光靠左手指通过按住琴弦或利用切音的余音而发出很轻柔的声音。

最后还有纯音与杂音弹奏方法，纯音弹奏是指击弹琴弦时手指准确地击弹琴弦而不触及其他弦，从而没有任何附带杂音。产生杂音的情况有两种：一是弹奏者手指弹弦时无意触及临近几弦，二是弹奏者击弦时有意触及其他弦而产生的伴奏效果。一般情况下，杂音伴奏经常在二、三、四三根弦之间杂弹而产生。

普米族“搓蹉”有12种节奏，每一种节奏可配以不同调式，12种节奏也就是12种舞步。节奏和舞步二者的统一便形成普米族锅庄，即“搓蹉”。四弦定弦的简谱为“$\underset{\cdot}{6}$ 1 3 6”。在普米族地区到处都会听到节奏明快、音色明亮的四弦琴音，四弦琴主要的演奏曲目为普米族锅庄舞蹈《搓蹉》。

兰坪县的四弦舞乐已经在社会上产生了一定的影响力，被更

↑拨口弦

↓吹唢呐

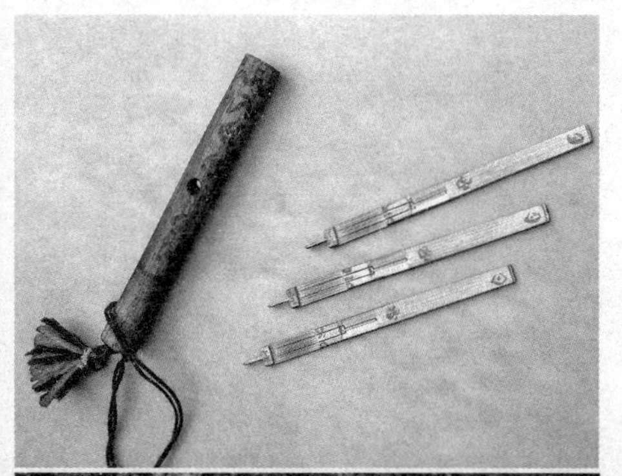

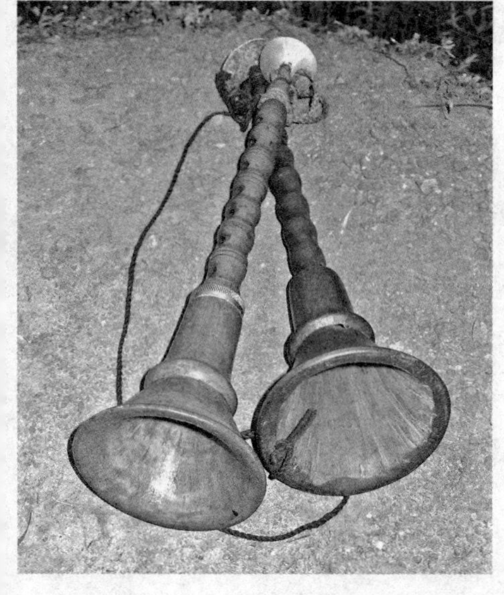

⬆口弦

⬇唢呐

多的人们认识和接受，并多次在中央电视台展演。

普米族四弦舞乐是普米族文化资源中极具代表性的传统民族民间艺术，在制作工艺、弹奏方法及演奏曲目等方面都独具特色，2006 年被列入云南省非物质文化保护名录。但随着时间推移及和时代的变化，一些四弦演奏者任意改编曲目，加上老一辈民间艺人的数量逐渐减少，使普米族四弦乐曲的原始韵律出现变化，传承出现断层。近年来，在省文化厅、县委、县政府的关心支持下，在文化职能部门的辛勤工作下，命名了一批四弦舞乐传承人（艺人），建立了普米族四弦舞乐传习点，组建了普米族四弦舞乐表演队，举办了四弦舞乐比赛，并编撰普米族《四弦舞乐》音像、图书资料，积极开展对外宣传展演活动。这些做法为挖掘、整理、保护、传承和发展优秀的传统文化做出了贡献。

普米族的吹奏乐器主要是唢呐，其他还有笛子、葫芦笙等。唢呐调分为白事调、红事调、圣事调及其他调。这些调可分为两大类，以《大摆队伍》为代表，并以第七孔是“5”音的为第一大类，音域是从“5”到“3”，音色深沉，速度平缓，“羽”调式居多。以第七孔为“4”或“1”音的属第二大类，音域分别为“4”到“3”和“1”到“7”音。第二大类的调式多部分是“宫”调式及“徵”调式，音色高亢、嘹亮，节奏感强。七指孔的吹奏唢呐曲，代表性曲目有：《比武调》《出菜调》《大摆队伍》《西番调》《汉调》等。唢呐的曲牌大部分是外来的，由于年代的推移，不同地区形成各自的风格，甚至出现同一曲牌调子截然不同的现象。如维西菊香村普米族乐师吹奏的《水龙吟》是大调式，兰坪县啦

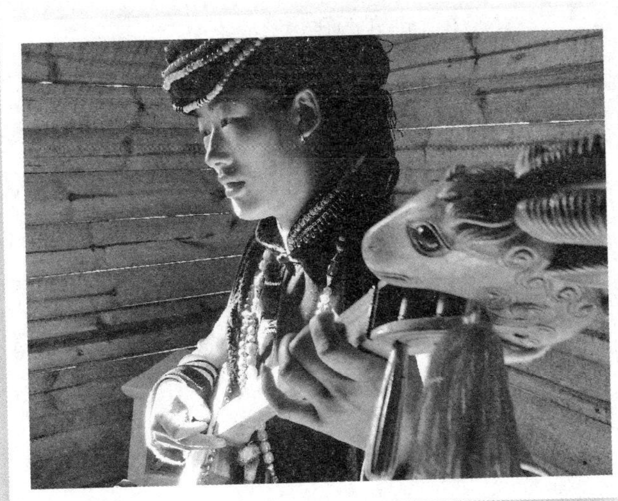

弹奏四弦琴

井镇桃树、挂登一带吹奏的《水龙吟》则是小调式。喜庆曲牌有《将军令》(红、白兼用)、《清水令》、《大摆队伍》、《小摆队伍》、《小桃红》、《一杯酒》、《大开门》、《小开门》、《蜜蜂过江》、《过山调》、《过村酒》、《迎亲调》、《拜堂调》、《扮妆台》、《出菜调》、《撤席调》、《上马调》、《离娘调》、《东海乐》、《南海乐》、《祝颂调》、《喜庆调》等。丧事的曲牌有《报丧》《悬白》《供食》《戴孝》《发孝》《哑子哭娘》《哭腔》《伤心调》《葬礼曲》《送丧调》等。葫芦笙曲流传于通甸镇德胜村一带，是普米族芦笙舞曲，分《团聚舞曲》《一步舞曲》《二步舞曲》《三步舞曲》《后退舞曲》《后退七步舞曲》《一边一脚》《鸡吃水》《姊妹舞曲》《翻身舞》等。芦笙有公母、大中小之分，舞步伴奏用中号芦笙，闲憩时用小号(也可用中号)芦笙。笙身由笙斗、竹管(五支)组成，笙簧另制作后，安在笙管根部，按一定位置插入笙斗，其中一支开腰孔，即变调孔。

口弦也是一种弹拨乐器，深受普米族人的喜爱，口弦分独片口弦及三片口弦。独片口弦靠拉奏振动的频率发音，三片口弦靠弹奏发音。除拉奏和弹奏外，均用口形、气息控制音高，以发出泛音。三片口弦又分“地低”和“迟痴”两种，“地低”定音为“2 6̣ 1”，“迟痴”定音为“1 6̣ 2”。口弦的声音是轻柔的，是爱人间的窃窃私语，是弹给心上人耳鬓厮磨的音乐。

↑四弦琴弹奏

↓口弦合奏

第四节　丰富的民间文学

普米族民间故事是中华民族文化遗产中的组成部分，是普米族人民在长期生活实践中创造的精神财富，对展示我国民族文化的多样性具有重要意义，是民族之瑰宝。

普米族从游猎游牧时代进入到农耕时代，经历了漫长的历史过程；民间故事数量大、取材宽，上至宇宙日月星辰，下至花鸟虫草及黎民百姓的日常，都是故事的素材。这些民间故事经过普米族人民长期的口耳相授、世代相传，已深深扎根在普米族文化的土壤里；内容涉及神话、传奇、爱情、伦理、道德、民俗等方面，一定程度上体现了普米族对自然、社会和人类自身道德的认识，具有独特的文化价值，为人们了解普米族先民在远古社会里的活动提供了最直接的口碑史料。

神话故事《太阳、月亮和星星》呈现了宇宙的形成，最早的天地一团漆黑，是猫头鹰驮着耗子咬碎云层，才出现了太阳、月亮和星星。在《开天辟地》的故事里，叙述了自然万物的形成，可以找到更多人与自然界和谐相处的典型案例。《杀马鹿的故事》讲的是巨人金锦祖的故事。巨人金锦祖从九层天上带来九色猎狗，翻山越岭，攀岩过河，射杀了作恶的马鹿；并用马鹿重新创造天地和万物，给大地和人类带来了安宁和幸福。《直呆南木》中“百鸟求种”和“狗找来了谷种”等小故事，反映了普米族先民从游猎游牧时代进入了农耕时代。

《冲格萨》的故事讲述了英雄人物的传奇故事，在民间广泛流传，深受普米族人民的喜爱。这个故事受到藏族格萨尔王传奇的影响，其中有些情节直接取自格萨尔王的传说。故事讲述了冲格萨与兽妖布郎、妖火格格，还有魔王梅拉尔其的战斗，冲格萨最终打败了这些妖魔鬼怪，拯救了受苦受难的人民。冲格萨的英雄形象，集中体现了普米族先民崇尚英雄、惩恶扬善、除恶务尽、同情弱小的情怀。同时也反映了在这个阶段中人与自然、人与社会、人与人之间的矛盾斗争，体现了普米族社会的发展和变化。

《白鸽姑娘》《黑猫姑娘》《宝猪》《紫花地丁》等故事是普米族的爱情故事。其中最具代表性的是《白鸽姑娘》的故事，讲述了一个富翁家里的三个兄弟，出外寻找被白鸽盗走的金叶。老大老二怕苦怕累而又贪生怕死，见了钱财功利就不顾骨肉之情，最后全遭厄难。唯有老三承担起责任，置生死苦累于不顾，视钱财

功利如粪土，忍受着各种艰难困苦的磨炼，最终找到了金叶，也获得了爱情。

《复仇的青母牛》和《吹唢呐的人》等故事则围绕着钱财利禄的得与失，表现普米族人民的家庭观、金钱观和财产观。《复仇的青母牛》讲述了这样一个故事：后妻虐待前妻子女，丧尽天良，而遭她虐待的前妻女儿孤弱无助，受尽折磨。为了保护女儿，前妻变成了一头青母牛，不仅闯过了刀山、下过了火海，还跳进了油锅受尽煎熬。狠心后母杀死青母牛后把肉煮吃，肉吃了不算，还把骨头架起来烧，烧不尽还不解恨，又用开水烫；烫不着不罢休，又用铁锤砸，直到骨头变成鸟儿飞走。为揭示狠心后母的丑恶心灵，故事组织了一个又一个情节，把狠心后母的歹毒心肠，刻画得入木三分。母亲爱女儿，九死而不悔，这种献身精神是对

母爱的礼赞，也是对人性的讴歌。《吹唢呐的人》讲述了一个唢呐吹得神乎其神的人，他通过吹唢呐战胜妖怪，得到宝物。可宝物被员外偷走了。后来员外沦为了乞丐，吹唢呐的人不计前嫌，帮助潦倒不堪的员外一起耕田种地，日子才变得好起来。这些故事有着朴素的道德情感，在当今社会依然有它的价值。在《一对红头鸟》的故事里，为了阻止女儿自由婚姻，母亲先是不答应，后又起杀心。叫大哥去杀，大哥不忍心杀；又叫二哥去杀，二哥也不忍心杀；又叫三哥去杀，三哥也不忍心杀。最后是她自己设计了一场谋杀。当女儿与情人一起火殉后，她又将两人的骨头分开埋起，可骨灰里长出两棵大树，紧紧拥抱在一起，她又把大树砍掉烧化，只留下树桩。整个故事情节曲折生动，人物形象立体透明，大大增强了故事的可读性。

《娃巴茨茨》《红桃》等故事讲述的是被压迫阶级的反抗斗争，娃巴茨茨、红桃是民间的英雄人物，身上带有神性。是要打打不过，要伏也伏不了，任何统治者遇到了他们都头疼。所以，统治者总是想出一些荒谬的难题，找一些无耻的借口，想趁机杀害他们。但是，神勇无比的英雄人物一一破解了这些难题，驯服了野牛、杀死了老虎，机智地回答了荒谬的难题，并识破种种阴谋诡计，他们让统治者寝食难安、提心吊胆，却深得民间老百姓的爱戴和支持，他们在老百姓的帮助下一次次死而复生，一次次战胜邪恶势力，一直被老百姓当作守护神，受到永久的膜拜。这些英雄人物是正义的化身，倾注了普米族人民的愿望。

在普米族的传说故事中，民俗的传说故事与普米族人民的日常生活紧密相连，不仅有美学上的价值，而且还有民俗学、民族学甚至历史学方面的价值。如《给羊子的来历》《姓氏的来历》《祭龙神》等，对于人们了解普米族的古老历史、宗教信仰、生活习惯都有一定参考价值。而一些风物传说，虽然讲的是山水花鸟的来历故事，揭示的却是封建婚姻制度。在这些故事中，封建势力的代表人物冷酷、凶狠和残暴。如《一对红头鸟》，讲的是红头鸟和普米族传说中的三座大山“爬施峨”“尺粗岗”“生格格”的来历。当初，一对青年男女相恋，男青年被女青年的母亲骗至家中谋杀了，多情的姑娘在火化情人时毅然跳入火中与恋人一同焚化。他们的精灵后来变成一对红头鸟，形象变成了大山。这些故事体现了普米族儿女为争取自由、获取爱情，而不惜牺牲生命的崇高

罗古箐丹霞风貌

品格。

体现普米族人民生活智慧的机智人物故事有《阿匹打洛的故事》《常回子的故事》《旦史尔千的故事》《阿大的故事》《白旦郎的故事》等，这些故事以揭露、嘲讽剥削者的贪婪和愚蠢为主要内容，幽默风趣，歌颂人民群众的集体智慧，深受普米族人民的喜爱。

《拉母与打史》《山神济贫》是普米族民间故事中具有讽刺和规劝意味的传说故事。故事的主人公都是贪财、吝啬、奸诈狡猾之人，心怀鬼胎，最终都没有好下场。

↑榧树

↓母亲树

动物在普米族的民间故事中也占有一席之地。《鸡狗饮水何以与众不同》采用拟人化手法，把动物世界中的关系进行了社会化的描写，寄托了普米族人民赞美劳动、憎恶懒惰的思想感情。

普米族还有关于龙神、山神、天神的诸多传说故事。治龙王和祭龙神的故事在民间广泛流传。普米族把水界的龙王当作是村里的富贵人家，称之为“吕依巴士达这家人”；龙王是水的象征，人们既尝过有水的甜头，也吃过缺水的苦头，所以才有了治龙王和祭龙神的故事。普米族最大的神是山神“日真”，在普米族人的意识里，山神是真正主宰人间吉凶祸福和衣食饭碗的真神，任何调侃和亵渎之念都不能有，否则就要倒霉。所以有关山神的故事都怀着敬畏之心，流露出虔诚感激之情。和山神、龙神比较起来，天神在普米族人民的观念里比较模糊，故事中的天神几乎都是普通的智人，如《凤凰治龙王》中的天神羌拉都基，完全就是一个足智多谋的凡人。

普米族民间故事内容丰富、题材广泛，它反映了普米族社会生活的各个方面，展示出普米族历史的发展和进步、挫折和胜利，使我们看到了普米族人民的超凡想象力。他们的感情和愿望、情绪和理想，都被细细地编织在故事中，流溢在动人的叙述里。在普米族民间广泛流传的优秀作品，既有一般民间文学故事的特点，又有自己本民族的特色。

普米族故事扎根本土，想象丰富。普米族民间故事大都充满奇瑰的幻想，无论是神话传说，还是一般故事，想象力都非常丰富。如《直呆南木》中，老三爬上神树顶端，躲过了洪水，可最后下到地上，却是骑着神鸟落下来的。一个人骑着巨大的神鸟，飞翔于辽阔的天地间，那气势不禁让我们想到庄子的《逍遥游》里："《谐》之言曰：'鹏之徙于南冥也，水击三千里，转扶摇而上者九万里……"《夜明珠》讲述部落战争。阿枝落部落首领背信弃义，破坏了东坡落保家安民的珍宝"夜明珠"，给东坡落部落带来了灭顶之灾。就在他们得意的时候，被捉的东坡部落首领达娃将失明的"夜明珠"往嘴里一丢，一声巨响，整个阿枝落部落飞云霄里，和东坡落首领同归于尽了。这些神奇的想象，地阔天宽，构图雄浑，给人留下惊心动魄的印象。特别是故事情节发展的关键节点，夸张的想象发挥着重要的作用，显示着神奇的力量，极富浪漫主义色彩。

普米族的神话故事，反映出原始人类对自然的探索精神。巨人金锦祖《杀马鹿的故事》是普米族远古社会生产生活的艺术再现。金锦祖射杀马鹿的英雄气概，表现出了普米族先民们的大无畏精神。《直呆南木》通过“采金光”“直呆南木”“阿克巴底”“和仙女成亲”“百鸟求种”以及“狗找来了谷种”六个系列故事，从另一个侧面反映了普米族社会发展的情况，为我们了解普米族的历史提供了资料，启开了门扉。

传奇故事在普米族民间故事里占有重要的地位。其中英雄人物的传奇故事，很受普米族人民欢迎。这类故事神话性强，产生的时代久远，反映的历史阶段也比较长，几乎包括整个野蛮时代和进入文明时代以后的相当一部分历史。在这个阶段里，人与自然、人与社会的矛盾和斗争不断加剧。反映这些矛盾斗争，歌颂斗争中的英雄人物，不畏强暴，惩恶扬善，同情弱小，表达人民的愿望、理想是这类故事的基本内容。如《冲格萨》《娃巴茨茨》《红桃》等故事就是典型。

爱情是人类生活的主题，以爱情为内容的传奇故事，常以主人公的善心德行为基础，经过一番曲折，获得了爱情，过上了幸福的日子。《白鸽姑娘》是其中具有代表性的故事，这个故事鲜明地摒弃了财富对爱情的污染，把爱情提到一个圣洁的境地，明确地表达了普米族劳动人民的爱情观。

富有劝世寓意的传奇故事大都从家庭、婚姻、财产、金钱和友谊等关系变化中演化而来，体现善有善报、恶有恶报的观念，

如少女头像的丹霞

使人得到精神和道义上的满足。

普米族民间故事情节曲折，形象生动。民间故事中主人公的命运跌宕起伏，故事情节险象环生，特别是长篇故事尤为明显。如《冲格萨》的故事，矛盾错综复杂，斗争波澜起伏，特别是冲格萨与火格格和梅拉尔其的斗争，把冲格萨的机智勇敢和梅拉尔其的阴险狡诈刻画得入木三分，使故事读来荡气回肠。

普米族民间故事的结构简单，但故事情节都非常完整，哪怕是几百字的故事，也首尾成篇，不枝不蔓，讲述的语言简洁明了。如《三个伙伴》的故事内容概括起来就是“得了宝物不忘朋友”。故事情节与人物性格很吻合，往往几句简单话，既说明了事情，又刻画出人物性格。如《直呆木南》中的老三，光着身子躲在仙女的火铺下面，仙女们叫他：“快出来！”老三说：“我身上一丝不挂，没穿衣服，没穿裤子，叫我怎么出来？”于是，“大姐，丢下一匹麻布，吹一口气，变成衣服了；二姐丢下一匹麻布，吹一口气，变成包头帕了；三妹丢下麻布，吹一口气，变成鞋子和绑腿了”。就这么三“吹”三“变”，一个英俊壮实、打扮整齐的普米族小伙子就出现在我们眼前。

第五节　别具一格的习俗

普米族由于历史条件和生活习惯，形成了别具一格的风俗习惯，这些风俗习惯也成就了普米族的文化印记。

普米族的婚丧仪式大多伴随着歌舞进行，在欢乐热烈中举行婚礼，在庄严肃穆中送归亡灵。

普米族的婚嫁是在歌舞中完成的。新中国成立前，普米族实行氏族外婚，选择配偶由父母做主，盛行姑舅表婚优先婚配。普米族在过去结婚年龄较早，女子 15 岁、男子 18 岁多已完婚，或者在男女 13 岁举行成丁礼后结婚。普米族通婚的双方，有三代续娶的风俗，称为“亲三代”。指腹为婚、幼年订婚较普遍。新中国成立后，普米族的婚姻实行一夫一妻制。一般要经过求亲、择日、举行婚礼等几个环节。

求亲环节是指男方请媒人到了女方家求亲，希望做成儿女亲家，并介绍男方家的氏族来历，家庭情况。求亲时要唱求亲调，普米语叫“顾软哩哩”的调子。求亲结束一段时间后，兰坪的普米族一般由男方家长请媒人携带礼物去女方家说亲，也就是提亲，提亲时要唱提亲调“咪唰哩”。

男方：舅家自古以来名门望族，
我们慕名来提亲。
舅家传承下来古人礼制，
我们慕名来提亲。
舅家高风亮节德厚流光，
我们慕名来提亲。
自古以来你们寨风良好，
我们慕名来提亲。
驮着的礼物轻又轻，
篮子里没有贵重的东西。
酒罐装酒情义浓，
灯芯草做罐盖最吉利，
希望舅家把麻绳网袋结解开，
青竹篾盒盖打开。

女方：左边坐的男人们，
右边坐的女人们。
中柱上挂起麻绳网袋，
麦架上挂着金色的麦把。
准备敬三脚了，
名门望族的桃花姑娘给你家，
麻绳网袋结打开了，
青竹篾盒盖打开了，
土罐黄酒盖打开了。

梳妆的新娘

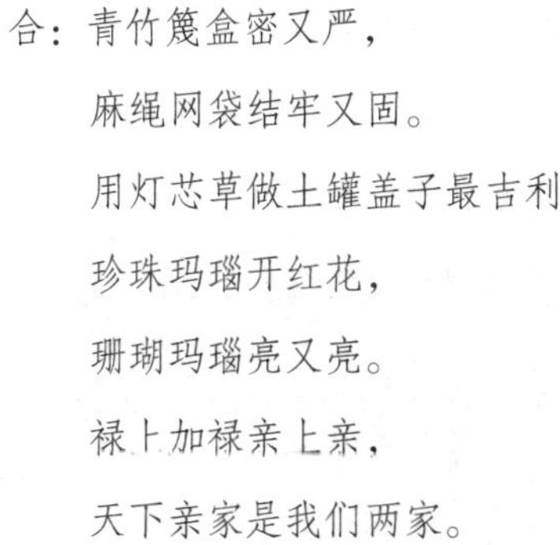

合：青竹篾盒密又严，
麻绳网袋结牢又固。
用灯芯草做土罐盖子最吉利，
珍珠玛瑙开红花，
珊瑚玛瑙亮又亮。
禄上加禄亲上亲，
天下亲家是我们两家。

女方召集家族长辈与男方见面，由女方打开男方带来的定亲酒祭铁三脚、敬长辈，畅饮后确定亲事。订婚后，经议聘、过小礼、逢年过节双方家庭互赠礼品，从此双方家庭来往密切。男方到预定完婚的年份到女方家求婚，对方同意后，选择双月份的良辰吉日举行婚礼。选日子要唱“择日调”：

我们亲上加亲，
来到亲家的地方。
舅家礼节好，
我们之间像麻绳网袋一样解不开的亲。
今天我手长袖子短，
没有按时间到，
请多多包涵。
再唱不出更好的歌，
我们之间就像三脚一样牢固。
三脚上用的祭品都带齐了，
在三脚边上行个礼。
坐在火塘边上的老人们，
家族的兄弟们前行个礼，
请给予择日的时间。
请左边的男人们商量，
请右边的女人们讨论，
在汉人的八卦里测日子。
挑个好年好月好日子。
我要把吉祥的日子带回家，
亲人都等待喜讯。

出嫁、接亲

接下来就是结婚。婚前一日，男方先向女方和女方亲戚赠送礼物，一般给女方送猪、羊各一只，烧酒一坛、黄酒二坛、大米一斗、白面二斗。送礼队由6人组成，用5匹马驮运礼品，到达女方家后，由女方家人陪同，挨户送达。结婚当日，接亲人员中，从男方家族叔伯中选出一个“接亲大人”，又从近亲中选出双数的若干人为接亲队伍。送亲的一方由女方的哥哥及堂哥姐妹组成，人数根据协定确定，为双数，一般为6人。此外，随行打点各项事宜的还有“顶马”“陪郎”“喜郎”“唱郎”“司礼”“司马”“总理”等人员。随行的还有礼乐队唢呐师二人、司锣二人、号师二人、鸣枪手二人、司旗二人。“总理”负责接亲过程的全盘事项。“喜郎”熟悉各种规矩礼仪，要口齿伶俐，善于制造快乐气氛和化解矛盾纠纷。“唱郎”通晓本民族民歌，善于即席对答唱和，活跃气氛，使婚礼气氛高潮迭起。

迎亲之日，双方家庭大门前用青树枝搭成彩门、围棚，用来宴请宾客。天刚亮，接亲队鸣枪（禁枪后改为鞭炮）启程。旗手执旗先行，鸣枪手随后，接着是唢呐师。到达女方家所在的村外，鸣枪三响通报，女方家的人员出门迎接。驮礼物的马队从小门先入，新郎在彩门前于坐骑上接饮三盅“下马杯”酒：头一杯双手举过头顶，用右手两指蘸酒弹酒，敬献于天；第二杯奉献于地；第三杯新郎饮。然后下马，从大门进入。这时，来女方家喝喜酒的宾客和村子里的人围观“拦门”环节。是对男方家“唱郎”

普米族婚俗——哭嫁

的考验，一般是女方家邀请的唱郎在门前设一个香案、一条木凳，让男方家的“唱郎”于门外就座，并垂下红布红毡毯做的“门帘”，俗称“拦门”。双方一问一答。回答得好，围观的人齐声喝彩，回答得不好，大家哈哈大笑，气氛活跃欢乐。《拦门调》普米话叫“功挤者”：

问：我们家的竹绳不牢固，

在东边去看下扣子的路途中遇到羚羊。

从羚羊的爪子上看，

像不像我们家玛瑙的颜色？

答：亲家的竹绳最牢固，

在东边去看下扣子的路途中遇到羚羊。

从羚羊的爪子上看，

像舅家玛瑙的颜色。

舅家玛瑙很多，

但我们只选其中一颗。

问：我们家的竹绳不牢固，

在东边去看下扣子的路途中遇到羚牛。

从羚牛的角上看，

像不像我们家珍珠的颜色？

答：亲家的竹绳最牢固，

在南边去看下扣子的路途中遇到羚牛。

从羚牛的角上看，

像舅家珍珠的颜色。

舅家珍珠很多串，

但我们只选其中一颗。

问：我们家的竹绳不牢固，

在正中央去看下扣子的路途中遇到凤凰。

从凤凰的嘴上看像不像我们家金子的颜色？

答：亲家的竹绳最牢固，

在正中央去看下扣子的路途中遇到凤凰。

从凤凰的嘴上看像舅家金子的颜色。

舅家碎金很多，

但我们只选其中一粒。

问：你们接亲队伍从天下来的时候，

什么挡了你们的路？

地上走来的时候，

什么挡了你们的路？

水中游来的时候，

什么挡了你们的路？

超过了达到的时辰。

答：我们接亲队伍从天下来的时候，

彩云挡了我们的路。

地上走来的时候，

大山挡了我们的路。

水中游来的时候，

旋涡挡了我们的路。

超过了到达舅家的时辰，

对我们迎接很隆重。

问：你们接亲队伍从春季里来的时候，

什么挡了你们的路？

夏季里来的时候，

什么挡了你们的路？

秋季里来的时候，

什么挡了你们的路？

冬季里来的时候，

什么挡了你们的路？

超过了到达的时辰。

答：我们接亲队伍春季里来的时候，

春风挡了我们的路。

夏季里来的时候，

暴雨挡了我们的路。

秋季里来的时候，

露水挡了我们的路。

冬季里来的时候，

大雪挡了我们的路，
超过了到达舅家的时辰。
对我们迎接很隆重，
我们接亲队伍表谢意。

经过来回几番的唱问唱答，如迎亲队唱郎对应得当，并及时从怀中取出事先预备来的一对玛瑙珠，放在香案上的盘中，女方唱郎就撤去门帘桌凳，将迎亲队请入院内，在青树枝搭围而成的待客棚下就座，吃干果，喝酒水。到吉时开席，宴请来宾。司礼官则当众打开送给新娘家和新娘亲族的酒、肉等礼物，当众清点并分送。

接下来的环节是“祭三脚”“祭火塘”“祭中柱”仪式。此时唱礼官要唱“火塘调”，普米语为“规者”：

我们接亲队伍来到亲家，
敬拜了神仙爷爷，
敬拜了神仙奶奶。
敬拜了山神，
敬拜了龙潭，
敬拜了祖先，
敬拜了平安庙。
左边坐着的舅舅们，

火塘

右边坐着的姑姑们。

火塘四周围着的父母叔婶们，

三脚边上坐着的长辈们，

都是一家人。

烧香敬三脚以示吉利，

磕头表示敬意，

跪拜表示心意。

没有今天的日子，

我们不会相聚在一起。

左边家族老人们请指教，

右边亲戚们请指正。

唱不对的地方请你们指教。

给新娘子梳妆打扮的人由两个相貌端庄、贤惠聪明、儿女双全的中年妇女来担任。梳洗结束，给新娘戴上结婚头帕，这标志着新娘闺中生活的结束。然后，新娘进屋哭别父母和家人。

最后是上马仪式，此时要唱“娘言杂霞哩哩”调，即“上马调”。是由接亲男方的唱官唱的：

在上马的地方，

我们接亲队伍向你们行个礼。

先向早上迎亲的爷爷奶奶行个礼。

再向提调官、酒司、茶司、厨师行个礼，

最后向欢送的家族父母亲戚行个礼！

上马的时间到了，

我们家的白发老人，

等待新娘的到来，

请你们放行，

娶走你们家的桃花姑娘。

此时此刻要分别了，

把你们的优良品格带回家传四方。

唱完，新娘由哥哥从屋里背到门外上马，离开娘家。新娘上马后，行进途中不能回头，意为此去与新郎永做夫妻，不离不弃，不走回头路。

当迎亲队伍快要回到新郎家时，也要鸣炮三响通知。此时男方长辈迎接送亲队伍，唱“迎亲调”，即“义哩哩”。

白发老人们等待娶亲队伍，

接亲大人头戴凤凰帽，

手拿长鞭在后面。

接了天底下最漂亮的新娘，

新娘离开了养她的母亲，

离开了养育她的家乡，

离开了她的兄弟姐妹，
离开了她的三亲六戚。
骑上了马背，
娶走你们的桃花姑娘，
我们一定会照顾好新娘。

到了新郎家，举行下马仪式。此时女方家的送亲队伍也要回应“布支宣哩哩”，也就是“送亲调”，以示对男方的感谢，并希望长辈们多指教新娘。

桌上端来头碗酒，
感谢迎亲的大人。
唱了古人的歌，
行了古人的礼。
把握了好时辰，
舅舅你们最辛苦，
这碗酒该敬你们。
…………
青松青棚青又青，
青棚门里挤满人。
送亲大人进来时，
大家争着把路让，

提调官请多多指教，

我家姑娘最能干，

迎接仪式最隆重。

进入新郎家后，两个手举火把的妇女一左一右，把新娘引领到走廊上一个特设的角落烤火，等婆婆出来迎接。稍事休息后可自由走动，进入新房。

当晚，青年男女们先向新郎新娘贺礼道喜，然后在室外院坝点燃篝火，跳锅庄、对唱民歌。男女双方接亲、送亲人员则在大屋内饮酒对唱，通宵达旦。

婚后第三天是回门，新郎新娘回娘家行“回门礼”。新中国成立前，新娘回家，少则一年，多则几年，有的直到生了孩子后才回夫家落脚，故有“三回九转”之说。“三回九转”式的婚姻中，新娘回娘家后，夫妻双方常到对方家帮忙，两人经常见面。满一年时，由婆婆亲自到女方家把儿媳接回，从此妻子便永落夫家。新中国成立后有了改变，“回门礼”一两天后新娘即回夫家居住。“咪宣哩哩”即“送女调”就是送女儿回夫家的礼仪歌曲：

神仙爷爷前面嘱咐了，

神仙奶奶前面嘱咐了，

今天送嫁妆大人是我，

您家山神前面嘱咐了，

↑新郎饮“下马杯”

↓送亲队伍

您家龙潭前面嘱咐了，
中梁下嘱咐了，
骑马柱下嘱咐了，
家堂面前嘱咐了，
火塘左边的老人、右边的长辈前嘱咐了。
将来三脚边，
请教好扫地。
中柱前边嘱咐了，

不会背柴也教好，

不会背水、不会烧水时请教好。

水缸上套的围圈不会时请教好。

和妯娌们相处时不会的礼仪请教好，

不会待客时请指教，

…………

不会使织布机时请指教，

不会搓绳时请指教，

不会绕绳时请指教，

不会做人时请指教。

普米族的婚俗礼仪从提亲到结婚一系列的事情都伴随着歌舞的形式进行，有庄重严肃的“祭三脚”“祭中柱”等，更多的却是插科打诨、其乐融融的场面。

普米族的丧葬习俗是隆重肃穆的，普米族的葬礼很隆重，传统葬俗是火葬，有的地方也行土葬。宁蒗地区的普米族实行火葬，兰坪境内的普米族以土葬为主，维西县的普米族则两种葬俗兼有。按照传统习俗，在老人病危时要通知近亲探视。人去世了要鸣枪放鞭炮，通知村内各家，人们闻丧后，携带饭团、猪膘等物品，前去吊唁。

普米族丧葬程序中一个隆重的仪式就是“戎肯”仪式，即“给羊子”。相传，玛里和玛亮两兄弟从西方取经归来，途经一个竹林过夜。此处竹子很粗，需几个人才能合围，它白天开裂，夜晚合拢。可恨的是，此处的蚊子，个个有斑鸠那么大，每到傍晚，啃噬林中过往的动物。傍晚时，玛亮对玛里说：“哥哥，我们必须在竹子合拢前钻进去避难，否则就会丧命。”玛里不肯躲避，对弟弟说：“我有锋利的宝剑，来多少蚊子杀多少。”无奈之下，在傍晚的时候弟弟玛亮躲进了竹子里。哥哥玛里前半夜与蚊子拼命厮杀，到了后半夜只听到玛里的声声惨叫。第二天早晨，玛亮从竹子中走出来，发现哥哥已变成一具骷髅。在万分悲痛中，就地安葬了哥哥的遗骸，把经书背在身上，形单影只，继续负重归乡。他在林中走啊走，但总是在傍晚回到了早上出发的地点。有一天，玛亮遇到了一位白发苍苍的牧羊老人，他向老人家讲述了自己的不幸遭遇。牧羊老人为死去的玛里举行了一个祭祀仪式，并送给玛亮一只雄壮的公绵羊，教他把哥哥的尸骨焚烧后，骨灰驮在绵羊身上，让绵羊在前引路，玛亮紧跟在绵羊的身后，终于回到了故乡。这就是“戎肯”来历的传说故事，从此“给羊子”仪式流传下来。在普米族人心目中，没有“给羊子”仪式的葬礼，不是真正意义上的普米族葬礼。据传，普米族丧葬《戎肯经》有 72 部经书，由于年代久远，部分经书遗失，现兰坪境内保留下来的有 43 部。

举行“戎肯”仪式时，韩规（祭司）将涂有酥油的面偶放在用蒿枝做成的十字架上，插入粮食斗内祭鬼。为死人送魂，以羊做替身，死者是男性选一只公绵羊，死者是女性则选一只母绵羊。祭祀时向羊耳内洒酒和炒面，如羊摇头，则意味死者欢喜，全家吉利。随即由孝男孝女跪地轮流喂羊喝酒，亲属向羊磕头辞行。韩规作法，使羊浑身颤抖，随即由一选定的人（须测算八字）斩杀羊子，迅速将羊心取出，献到灵桌上。韩规给死者念“开路经”，向亡灵指导本民族或本宗支的归宗路线，使其平安返回祖先发祥地。念毕“开路经”，及至黎明，送葬队伍便出发了，最前面的是一个牵马人，马上备鞍，象征死者骑马出发。其次由一人举着火把，为死者引路，也是给死者送火种。其后由四人抬着木棺送往家族坟山或者火葬场，一人背竹篓随后，里边盛有鸡蛋、粑粑等各种食品做随葬品。灵柩出门时，孝子在门前跪成一行，让灵柩从头上抬过，称为搭桥，意在子女报答父母之恩。送灵时，沿途敲锣打鼓。家属及邻居跟在出殡队伍之后，边走边哭诉死者生前对他们的恩情。

送灵途中祭司口中念念有词，一面给死者指示路线，一面教导鼓励亡灵：必须勇敢地上路，每道路口，每道山梁，都有祖宗在迎接保护，回到祖宗身边后，一定要敬事祖宗，护佑后人。

到达坟山后，先在坟山附近祭山神，给每座旧坟上香。择时下葬，下葬时在坟穴底部投放些许钱币、五谷。成坟后把竹矛、竹弓、竹箭等法器插于坟前，供上用 13 小块羊肉串成的肉串，并烧掉灵杠。在场者饮酒休息，然后集体叩首而返。返回到半路，点燃一堆杜鹃枝、青蒿枝，待青烟冒出，人们绕烟熏沐净身，口喊“采采”，一路返家。

出殡当夜至第三天夜晚和第七天夜晚，家人到其他屋里暂避。在死者住过的屋里撒灰并抹平，次日黎明观看“来生转世”之兆。灰上如有虫类爬行痕迹，则为死者尚未投生之兆。七天之内，每天早上上坟供祭早餐。此后，每逢祭祖之日，都要上坟供祭或接祖回家过节。送丧后一百天，家属从孝帽孝帕上各剪一块孝布，到坟上拜祭并焚化，以示除孝，各项丧禁即告解除。

普米族土葬习俗受汉族、白族的影响。比如：死者生辰或死辰经测算，若有犯“重丧”或“山不利”的情况时间长，则实行寄葬制。棺材于村子附近便于照管的处所掘坑浅埋，周围拦上篱笆。次年择吉日，从寄葬处起运棺木到正坟安葬，正葬时才举行“戎肯”仪式。

从普米族的婚丧嫁娶习俗中，可窥探到这个民族对生死的态度：活着，有歌有舞，有礼有节，快乐生活；离开了，依然长歌当行。这种超然豁达的生死观，深刻地影响着这个民族的性格。

普米族有敬畏三脚火塘的习俗，普米族的村落一般分布于山区的半山缓坡地带，海拔 2500 米左右，这些地方大多植被完好、森林茂密。从普米族对居住地环境的选择可以看出，他们将自己融入了大自然中。普米族的居住习俗里，最重要的是火塘和中柱。火塘文化中祭三脚为最重要的一部分，火塘三只脚，在普米族人眼里它寓意着天、地和祖先。东边最大，为天，接着是地和祖先。不管是什么人都不能从三脚上跨过。在建设自己的家园时，把建设火塘和中柱放在第一位，是家园建设里必不可少而且装修最“豪华”的地方。

三脚是火塘上的“圣物”，普米族对三脚极为尊重，俨如神灵居中，无论婚丧嫁娶、节日大小、居家日常，都不会忘记祭三脚。无论早晨煨头罐茶、新酿出的头道黄酒，还是杀的年猪都少不得敬三脚。

普米族人的住房，多数都是土木结构的楼房或木楞房。“木楞房”是纯木结构，整个房子采用中国古代建筑的卯榫结构建成。房顶用薄木板铺就，便于更换。木楞房冬暖夏凉，是普米族人家典型的住房。各户住宅围一个院落，院门正对的称正房，呈长方形或正方形，四角立柱，中央竖一根方形大柱，称为“擎天柱”，也称为“中柱”，认为是神灵所在之处。厢房和门楼都是两层，上层住人，下层关牲畜或堆放杂物。正房内设火塘，火塘中架三脚，是普米族祭祀的神圣地方。火塘两侧设卧铺，是普米族家人活动的中心，食宿、议事、待客都在这里进行。火塘和三脚在普米族人心中是非常神圣的。现在的普米族由于同其他民族杂居，也借鉴了其他民族的建筑结构，建盖了如白族民居三坊一照壁格局的楼房了。

普米族在建设民居的过程中呈现了独特的文化，如何选择宅基地、木料，如何竖房等方面都有自己的特色。在兰坪县普米族居住的地方，至今流传着选宅基地的“夏贴”调：

寻找土地肥沃的地方，
选择在生长大黄的地方，
长满草和树林的地方。
林中树木又直又高，
箐沟边竹林茂盛，
落松叶的地方松树多，
一山一沟长满了蕨菜。

有露有霜的地方长满了柏树，
选择了山水相连的宅基地。
有水的边上选地基，
河边长满了柳树，
柳树边上选地基。
有天就有地，
蓝天底下有白云，
白云中出黑云预示了要下雨。
天空罩着大地，
雨水由地来吸收。
雨后天晴散蒸气，
蒸气集中在山上变成雾。
天养了地，
地养了大自然。
人开荒了地，
从此人类做大自然的主人。

敬酒歌

选好在某个地方建房后，还有一个查看宅基地的过程，在这个过程中，普米族要吟唱的调子是“夏所哩哩”，即看宅基地调：

选择了这块肥沃的地方，
清理了上面的植物。

留下边上茂密的树林，

开挖了荒地。

熟地也很肥沃，

生地变成熟地。

挖断了杂草的根，

拉着平整土地的刮土板。

熬着长夜挖地基，

左邻右舍都来帮忙。

烧起大火明又亮，

煮了一锅大麦稀饭，

一碗稀饭表达心意。

这是一块好地基，

是一块大发大旺的好地基。

主人最会选地基，

大家都会按这个山向选地基，

将来全寨子都会选这个靠山。

吟唱的调子里充满了对树木森林的热爱和对土地的深情。当看好了地基，接下来的工作就开始备料、选料了，这过程的普米语叫“贤贴哩哩”，即选料调：

肥沃的土地上长满了松树，

松树林里选好树。

不管路程的远近，

选了最长的树做大杈，

选了最宽的树做家堂，

选了最直的树做中梁，

选了最粗的树做柱子，

选了头尾相称的树做料子，

拿起扁斧削料子。

冬季三个月里削料子，

七天以后翻料子。

用斧头敲料子让料子早干，

吹春风日时料子干了。

亲朋好友来帮忙，

漫长白天扛料子。

……

将建房材料备好了，接下来就是建房、竖房，这个调子普米语称“珍添哩哩”，即竖房调：

用斧子在木头上砍沟，

砍了料子的头尾，

房框四角要平。

房框上架起大杈，

大杈上立起骑马柱。

骑马柱上挂了梁，

柱子会压平地基。

柱子上架了梁，

还没有盖房头。

架起横梁，

竹绳拴桩杆。

盖好木头板子，

做好了严实的房子。

盖好了温暖又安全的房子。

房子盖好了，在搬进去住之前还有一个程序，就是民间的“压土”。民间认为，盖房时挖地基、砍木料，在宅基地上竖房喧闹，打扰了土地神，为了避免土地神生气，使家宅平安，就有了压土的仪式，实质就是给土地神赔不是，请求原谅，希望土地神保佑家宅平安、五谷丰登、六畜兴旺。此仪式普米语称“塞丝哩哩”：

肥沃的土地上建好了房，

房前屋后生满了大黄。

选择了好日子烧火，

大家相聚在这里，
同唱一首《压土歌》。
男女老少手牵手准备跳压土舞，
边跳边舞边唱歌，
把院坝压平了。
一步一跺压地基，
用力跺脚出地气，
肥沃土地出好庄稼，
庄稼大丰收。
二步二跺压地基，
用力跺脚出地气，
肥沃土地生青草，
青草连成片，
六畜会兴旺。
三步三跺压地基，
用力跺脚出地气，
源源不断长出的大黄，
象征人人大发大旺。

木楞房

房子建起来了，一家连着一家，一户挨着一户，组成了村落，村子里的人集中在一起就是一个大家庭，大家团结互助，共同生活。组成大家庭的调子普米语叫“希加哩哩”：

果碟调

耕作肥沃的土地，

一家人耕作不了那么多的土地。

喊了不同民族做伴，

都成了我家的左邻右舍。

寨子变成村，

肥沃土地上出地气。

…………

普米族在建设自己家园时，每一个步骤也都有歌陪伴，这些奇妙的风俗习惯是一个民族对美好生活的追求与向往。

普米族有独特的饮食习惯，普米族主食包括大米、玉米、小麦、大麦、青稞、燕麦、荞麦、籼米、豆类等。蔬菜种类有土豆、蔓菁、萝卜、青菜、白菜、南瓜、黄瓜、大蒜、小葱、辣椒、番茄、韭菜、芫荽等，独特的地理环境形成了独特的饮食习惯。

酸肝是兰坪地区普米族独有的菜品，普米语叫“朱”。制作方法很独特，取鲜嫩无损的猪肝，将特制的酸水（木瓜水、五味子汁等）配以其他辅料，用酒漏插入事先洗净备用的猪肚内，将酸水灌入。抽掉酒漏，再将准备好的一段空心的麻秆管子将猪肚管与肝管连接起来，两头用麻线扎紧后，使猪肚内的酸水缓缓注入猪肝内，轻轻拍打猪肝，使酸水均匀分布在猪肝内，待其完全饱满膨胀，抽掉麻秆，扎紧肝管，再把灌满酸水的猪肝浸泡在剩余的酸水里 30~40 分钟，使其颜色呈银灰色后即可切割食用，味道十分独特，此品在当地为孝敬老人之最佳食品。

琵琶肉就是猪膘肉，普米语叫“诗蒸”。这是普米族人加工猪肉的一种特殊方法，将宰杀后的猪洗净，开膛取出内脏，剔去骨头。然后撒抹上用花椒、胡椒、草果、盐、烧酒等调味料调制的作料，用线把刀口缝好，因形似琵琶，故又名“琵琶肉”。在两个猪耳朵里各塞上一个核桃，在猪鼻孔里也各插一根粗细刚好能塞严鼻孔的木棍。放置几天之后，取出木棍，再灌一些盐水进去，然后塞严，同时在针线缝合处涂上一些核桃油。如此反复数次后，就可放在火塘上方的篾笆上熏干，有的晾在房头上风干，之后即成一具完整的琵琶肉。一般情况下，头年腌制的琵琶肉要到大年三十晚上才取下食用。由于腌制方法复杂、调料多、存放时间较长，所以“琵琶肉”味道特别，吃后回味无穷，唇齿留香，是一道色香味俱全，非常可口的普米族特色菜，也是普米族人送礼的上等礼品。

籼米粑粑普米语叫“多思”，其制作方法是将籼米用碓舂去皮，洗净后装在大盆里用温水泡软，捞起沥水放入甑子，用中火蒸熟。趁热舀出籼米，倒入碓盆，然后用由慢到快的节奏舂击。掌握碓头者要不时地往手掌上抹一些蜂蜡和核桃油，使籼米不沾手，使之成泥糯的面筋状后取出，揪成大小合适的剂子，擀成碗口大小的薄饼，摊放在青松毛上使其阴干，籼米粑粑就做成了。食用时，将籼米粑粑用油煎至金黄色即可捞出盛盘食用。其味香脆清甜，还带有松针的清香味，是普米族传统年节的食品，也是馈赠亲友的礼物。

麦青条是将正在灌浆接近饱满的青麦穗割下，扎成小把在旺火上翻转烧烤，然后搓下青麦粒，簸净糠皮杂质，用手磨磨成细条，再次簸去皮层，上甑蒸 5~10 分钟即成。做好的麦青条颜色青翠，麦香四溢，食之清甜甘润。这是属于普米族尝新或招待贵客的特殊食品。

糌粑既是藏族的传统食品，也是普米族的传统食品。将青稞洗净、晾干、炒熟后磨成面粉，食用时，用少量的酥油茶、奶渣、糖等搅拌均匀，用手捏成团即可。它不仅便于食用，而且热量高、营养丰富，适合充饥御寒，外出劳动、打猎、旅行时可随身携带。

旺子米肠也叫猪血肠，这种食品，其他民族也有制作，但都是以糯米为主要原料，而普米族用的是普通大米。其制作方法

琵琶肉

是：将猪大肠洗净备用，米饭蒸熟后用油炒好装盆，将猪血、草果面、盐和碎猪花油加入并充分拌均匀，将拌好的旺子米饭灌进备好的猪肠子里，上甑中火蒸 10 分钟左右，揭盖，用细针头在米肠上扎些小孔，以防胀破，继续再蒸 15~20 分钟即可拿出来食用。旺子米肠的味道浓郁，切片后可蒸可煎，是普米族人十分喜爱的美食。

风味甘醇的普米酒是人们最喜欢的饮品。普米族酿制的白酒和黄酒风味独特，深受人们的喜爱，更是普米族待客、祭祀、婚丧嫁娶的必备之物。白酒的酿制与其他民族大同小异，而黄酒的酿制与众不同。黄酒制作工艺独特，选料用曲精细，酒精浓度低，酒液呈金黄色，味甘甜醇厚，香气悠长。黄酒俗称“苏里玛”酒，普米语称“丕”，主要原料是青稞和大麦，采用祖传方法酿制。黄酒的酿制方法比较复杂，先把小麦或青稞的表壳舂掉，筛净杂质的麦粒或青稞粒在缸里淘洗干净，上甑蒸熟后，将麦粒、青稞粒倒出冷却，按比例放入酒曲，搅拌均匀，再装进专门的篾篓里封口，保持适当温度进行发酵。几天之后，发酵完成，人们打开篾篓，把发酵好的粮食取出装入大瓦罐，用拌湿的灶灰密封罐口，还要采集青松毛覆盖在瓦罐上。一个月后，黄酒酿制完成。揭开盖，罐中已是金黄色的琼浆玉液，酒香四溢。不过这时还不宜饮用，要加兑适量的凉开水，再把罐盖封严。一个星期之后，普米黄酒就可饮用了。黄酒营养丰富，香甜可口，无论是在辛苦的劳作之后，还是在疲劳的旅途奔波之中，只要喝上几碗黄酒，就能使人唇齿留香、神清气爽、疲劳顿消、充满活力。在普米族山寨，每当黄酒飘香的时候，四方八寨的亲友们就会欢聚一堂，一边品尝黄酒，一边唱歌跳舞，常常热闹到深夜。每当有客人到来，普米族人做的第一件事，就是给客人敬上几碗自家酿制的黄酒。

值得一提的是普米族加工的果汁饮料。在夏秋季节，山林里野果熟透，有五味子、野葡萄、黑叶防风果、野草莓等，应有尽有，人们将采摘下的野果放置 1 ~ 2 天，等熟透发软后在木盆里揉碎，适量加水。用竹篾漏勺过滤去渣，果汁盛放在干净陶坛土罐中。或当场分饮，或日后慢慢品尝。其中最名贵者为“五味子浆”，饮用后有醒脑镇静的功效。宰杀年猪时常用陈年“五味子浆”腌制猪肝成酸肝，味道十分可口。

红蔓菁在普米话称为“列丕”，生长在兰坪县境内河西乡普米族居住的大羊村阳山组。红蔓菁开花为淡紫红色和粉红色。其组织为皮层及韧皮部狭，外表皮是由单层细胞构成，没有木栓层。形成层以内木质化程度很低，仅见少数网纹和螺纹导管存在，呈放射状排列，由一至多列细胞构成。射线细胞明显，细胞内含有红色素。据研究表明，红蔓菁具有降血脂降血压、清热解毒、预防感冒以及治疗腹泻等功效。用红蔓菁提取的天然红色素，色彩鲜艳、水溶性好、色素稳定，可用于饮料及其他食品开发，产品广泛应用于食品、医药、化妆品等，有广阔的开发前景。在普米族当地用红蔓菁腌制的酸菜及蔓菁干很受当地百姓喜爱，大羊村还将红蔓菁做成一道道美味佳肴。

第六节　多彩的服饰

雍正《云南通志》卷二十四《土司》记载："西番，永北一带，凡在金沙江者皆是。辫发，杂以玛瑙、铜珠为缀，三年一栉之。衣杂布革，腰束文花毳带，披琵琶毡，富者至三四领，暑热不去。"这里基本可以看出普米族的服饰穿戴情况。《皇朝职贡图》里也描述了普米族的穿戴："西番，本滇西北徼外夷，又名巴苴，流入永北、丽江二府。居深山，聚族而处。男子辫发，戴黑皮帽，麻布短衣，外披毡单，以藤缠左肘，跣足，佩刀，伐竹为业，不通汉语。妇女辫发，缀以玛瑙、砗磲，亦衣麻披毡，系过膝筒裙，跣足。"普米族的民族服饰男女有别。据明清史料的记载，普米族历史上男子编辫子，头戴藏式帽，佩刀披毡子，戴耳环，左手穿袖子，赤足。男子上衣为对襟金边短衣，以黑白两色

←普米族男子服饰
→普米族女子服饰

为佳，扣双组在肘下。下穿麻布宽裆开筒裤，下用麻布绑腿，上加白麻布在裆口起收缩作用，腰间缠一根九尺长的腰带，将衣裤一并拴紧，上下不分开，以便于活动。日常生产劳动中基本上穿羊皮褂，腰间别一支烟锅。男子配饰为头戴狐狸帽，以黄色狐皮帽为最佳，这种皮帽不仅美观气派而且十分实用。此外，普米族男子还戴毡帽。普米族男子喜爱佩戴首饰、胸饰、耳饰等，一般用银子做成。

普米族妇女的上衣为黑色、蓝色、白色的开襟短衣，和男子基本一样，但袖口有花边，领口用花线绣上吉祥的图案。下身着百褶筒裙，裙脚边加一圈红线，裙裆口加一圈白色厚布，裙脚宽大，缝成褶皱形状，一般需布匹二丈多。腰间系一根彩带，彩带多用山麻或羊毛捻线织成。日常生产生活中，普米族妇女喜欢穿羊皮褂。羊皮褂有两种，一种是有袖子的开衫皮褂，一种是不做任何加工缝制的披肩皮褂，一般多用披肩皮褂。普米族女子头饰

去参加集会的
普米族妇女

分两种：未婚女子留长辫，用牦牛尾巴上的毛或丝线与头发一起搓成长发辫一根，先挽在头上，再将一串丝辫挽在黑发之上，并放一根红线，表示未婚；另一种头饰则用一丈二尺长的黑布为料，做成头帕一圈圈地缠在头上，为一般已婚或老年妇女的头饰。普米族妇女以佩戴耳环、头饰、手镯、胸链、彩带等饰物为美。这些装饰物大多用银子、玛瑙、玉石做成。

未婚的普米族妇女上身穿有白、黑、红颜色的右开襟短衣，下摆小，窄袖高领，衣角、领口镶金银花边，斜披羊皮披肩。下身穿百褶裙，裙子中下位置横绣三圈彩色线，据传这是祖先三次大迁徙的路线。裙摆很大，劳动时将裙边一端挽在腰间，腰带两端绣有精致的图案。一般留长发盘在头顶，用包头罩住，缀饰很多。

生活在宁蒗地区的普米族的服饰保留了较多的传统元素。过去，一般在 13 岁以前不分性别，都穿右襟麻布长衫。女孩的发饰

普米族姐妹

上拴红绿料珠，男孩则在头部的前边和左右各留一个辫子，不佩珠饰。成年男子的上身服装主要是麻布短衣，下着宽大长裤，外罩长衫，束羊毛制的绣花腰带。膝以下用布或毡裹腿，腰间佩刀，赤足，或夏穿草鞋、冬穿粗工牛皮鞋。老年男子蓄长发，用丝线把头发包缠于顶，头包帕或戴毡帽，流行盆沿礼帽，有的还镶饰金边。

兰坪县通甸镇水俸、龙塘一带的普米族妇女头饰中蕴藏有她们自己的“风花雪月”，头饰中的垂须穗为蓝色，多由丝线扎制而成，垂于左边。蓝色的须穗轻盈飘逸，随风舞动。头饰主体上刺绣了各种各样的花样和纹路，色彩艳丽。身穿蓝色的衬衣，外套红色的领褂，腰缠蓝色的腰带，搭配得当，体现了当地普米族人独特的审美。这一带的普米族姑娘的服饰与电影《五朵金花》中“金花”们的服饰有惊人的相似之处。

舞动裙子的普米族姐妹

弹奏四弦琴的普米族汉子

第七节　欢乐的节日

普米族的主要节日有吾昔节、大过年、大十五节、端午节等。

“吾昔节”为普米族传统节日，时间一般在腊月初六至初八之间。按古规要过九天。“吾”，普米语意为“年”，“昔”意为“新”。“吾昔”就是“新年”的意思。2006年，新修订颁布的《兰坪白族普米族自治县自治条例》将农历十二月初七确定为“吾昔节”，将民间的节日上升立法，确保民族民间文化得到保护与弘扬。

吾昔节后，春节随之到来，春节称为“大过年”。大过年是普米族最隆重的节日，一般过三天至半月。在宁蒗，以腊月初七为岁首，而兰坪和维西则在正月过春节。兰坪一带有杀年猪宴亲的习俗，不论来客多少，总要馈赠每人一份火烤肘肉和一碗骨头汤，以示“亲如骨肉”“情同手足”之意。春节来临，过年前翻盖房头板，打扫屋内外的环境卫生，在院中路上铺撒青松毛，采腊梅枝插在房前，屠宰猪、羊、鸡，舂糍粑、熬糖、酿酒、做豆腐等。

除夕这天一大早，到坟上敬香磕头，意为恭请迎接祖先回家过年。吃年饭前，鸣枪三响（禁枪后改为放鞭炮）和吹牛角号三声后，祭三脚，向祖先献年饭，祈求家神、祖先赐福庇护，吉祥如意。然后，全家老小围拢火塘吃团圆年饭。吃过年饭，晚辈则拿着酒、茶、猪头等礼品，到长辈家中拜年。正月初一早晨鸡叫头遍，各家继续举行祭三脚仪式，天亮前要到龙潭旁祭祀龙神。家家都带着祭品到村子附近的水源地焚香祭祀，这是因为普米族把“龙王”视为保护神。传说过去普米族人为躲兵灾，背井离乡去逃难，临行前便把带不了的饭碗都藏在水井里。待他们重归故里时，其他东西全部被毁、被掠，只有藏在水井里的饭碗还好好的，便认为是“龙王”保护了他们的饭碗，从此奉为神明，每年都来祭祀。普米族有较深厚的自然崇拜和多神信仰的习俗，他们在新年的大清早要去“抢水”，俗称“抢头水”，多为女性去做，祈求来年清吉平安，财源滚滚。大年初二举行“驾牛”仪式。大清早给牛披红挂彩，然后将粑粑、黄酒、糖、肉等食物喂给耕牛，再把耕牛赶到地里套上犁架，举行短暂的“开犁”仪式。初三拂晓，再次举行祭三脚仪式，然后送祖先返回“故里”。

大十五节是宁蒗普米族人过的一个节日，时间在腊月十四日。

届时，人们穿着鲜艳的新装，上山露营，举行篝火晚会，青年男女尽情地唱歌、跳舞，谈情说爱。次日绕“嘛呢堆”祈祷求福。

端午节是普米族各地都举行活动的节日。宁蒗永宁地区的普米族，端午节要举行“绕岩洞”活动，并到洞中烧香驱邪，祈求多子多孙。节日既是宗教性的节日，也是青年男女进行社交和娱乐的节日。每年的端午节，兰坪县境内的普米族、傈僳族、彝族、白族、怒族等兄弟民族，不论男女老少，都要穿上节日的盛装，

普米族情人节会场——罗古箐情人坝

带上家乡的风味特产，大清早就出门，分别到海拔 3000 米以上的雪盘山脉一带的端午山、大垭口、雪门坎等地集会。此时，水绿山青，满山满坡充满了生机，整个雪盘山人声鼎沸，热闹非凡，人们沉浸在欢乐之中，随处可见歌舞表演，情歌对唱此起彼伏。随手采一片叶子，即可吹出美妙动人的曲子，竹笛、口弦、四弦琴、唢呐等各种乐器演奏的音乐声回荡在整个山谷。霎时，这里变成了歌的山林、舞的海洋。

龙潭村“端午节”盛会

从1995年开始，兰坪县把由民间自发组织的传统端午歌舞节，命名为普米族的“情人节”。这以后每年都在罗古箐情人坝组织为期3天的盛大集会活动。2003年4月28日，“第四届中国昆明国际旅游节怒江分会场——‘东方情人节’普米族万人情歌盛会”在罗古箐举行，这一活动盛况空前，打造和推出了一个世界旅游节日品牌。后来每年的端午节就被定为“普米族情人节”。

每年的这一天，邻近的丽江、大理各族群众也纷纷赶来参加兰坪白族普米族自治县在罗古箐的高原草场上举行的节日盛会。这个季节，草青花艳。宽阔的草场边两棵紧紧依偎在一起的云杉枝缠枝、根连根，高大茂盛，被普米族人称为“情人树”。四周是成片盛开的高山杜鹃花，由此，这片高原草场也称为“情人坝”。

各族青年男女身着节日的盛装，载歌载舞，欢度节日。一大早来自四面八方的妙龄男女，穿着各自精心缝制的艳装，彩云般地云集于此。首先进行各村落之间的情歌组合对唱，这一过程是进行意中人的初步选择，边唱边靠近对方，拉上手后渐渐形成舞圈。在边唱边舞的过程中，用撞胯、挠手心等各种动作暗语试探对方的反应，如对方有意即可回应，如无反应则又另选对象。此时有意者，悄悄地离开人群，选择各自的领地进行情歌对唱和乐器演奏来表情达意。从歌声中了解对方的聪明才智，道德修养，从乐器演奏中了解对方的才艺。若能情投意合便可互赠生肖，了解生辰八字，相约百年好合。动听的音乐，轻快的舞步，幸福的笑脸融化在蓝天白云之中。

过去，在端午情人节上抢亲和私奔是常有的事，这与当时的社会经济发展状况有关。而如今，社会的包容开放，民族之间的共融，当地人的观念也在不知不觉中发生着变化，这些现象已经逐步消失了，取而代之的是自由恋爱的风气，追求健康幸福的社会形态。

普米族情人节万人场景盛会

第八节　普米族大型音乐舞蹈史诗《母亲河》

在挖掘抢救民族文化遗产的过程中，兰坪县三江艺术团创作推出了普米族大型音乐舞蹈史诗《母亲河》。该剧目曾获得2003年云南省新剧节目展演金奖，2004年获得第四届中国舞蹈“荷花奖”舞蹈史诗银奖、优秀表演奖、最佳服装设计奖。它是对千百年来普米族忠实地传承着祖先遗留下的古老而又神秘文化的呈现，是普米族的第一部大型音乐舞蹈史诗，是普米族文化的一张名片。整个剧目由母亲河、劳作颂、火之韵、篱笆恋、酒歌、生之魂六场组成。

第一场“母亲河”。描述了普米族的发祥地和普米族的发展历史，以及普米族文化的孕育过程。在母亲河流淌的足迹里，普米族有了生命，有了灵魂。

在世界自然遗产的三江并流地区，被称为“三江之门”的兰坪

白族普米族自治县，居住着一个鲜为人知的少数民族——普米族。他们从远古走来，雪山之下，江河源头是他们的故乡，雪山江河孕育了普米族。

随着普米族民歌《哩哩》的声音响起，大幕徐徐开启，展现在眼前的是一条蜿蜒曲折的河流，河流两岸，森林茂密，绿草如茵。舞台上以植物为原型的舞者模拟树木形象，变换着各种形态翩翩起舞，各种植物轻捻慢染，舒展缠绕，大地一片祥和安宁……轻轻的四弦琴声响起，各种动物在森林中相互追逐、嬉戏，变换的舞姿、绚丽的色彩是欢乐家园的初始状态，自然一派和谐静谧。

潺潺的流水声由远而近，在晨雾里流淌着。由 22 名舞蹈演员组成的“水”缓缓流淌，舒缓悠扬的笛声响起，天籁之音响彻三江源大地，这是普米族祖先居住的地方。

灯光渐渐暗下来，悠扬的主旋律倾情柔婉深情的女声清唱响起：“玛达咪……玛达咪，尺啰啰……”意为“妈妈的宝贝，好男儿。勇敢的小伙，男子汉。吉祥彩云伴你到永远……”那是母亲的声音，母亲的祝福。

笛子吹奏的主旋律再次悠扬地响起，顶灯追光渐渐亮起来，母亲出现在舞台上，跳着那古老而有力的舞蹈，在群舞的烘托下，那是孕育生命的节奏。母亲一声长长的叫喊，划破了苍穹，随即婴儿的啼哭声响起，新生命诞生了，母亲怀抱初生的婴儿，充满了喜悦和希望。精心呵护着生命的延续和明天的希望。“玛达咪”的歌声又清唱在画外。母亲与孩子在嬉戏、在游戏，陪伴孩子的成长。孩子长大了，母亲为他举行了“成人礼”，为他戴上象征成年的普米族“礼帽”。一个壮实健康的普米族汉子出现在人们面前。舞台上，踏着音乐的节奏，已经长大成人的小伙子与一群充满活力的普米族汉子一起挥舞手臂上场，人们跳起了普米族的毡帽舞。欢快轻盈，铿锵有力，震撼人心。母亲看着已经长大成人的孩子，脸上洋溢着幸福的微笑。长大成人的儿子加入了狩猎队伍，普米族汉子们手持长矛在深山老林里狩猎，经过艰辛的劳动，共同享受收获的快乐。

劳作颂

第二场“劳作颂”。表现了勤劳的普米族人劳动在田间地头，用辛勤汗水灌溉丰收之花。

天刚刚亮，母亲就荷锄，劳作在田间。她播下希望的种子，一群男子手持锄头努力劳作，开垦锄荒。劳作的间隙，母亲手搭凉棚，望着一望无际的田野，憧憬着丰收的景象。“秋风爽、歌声扬，姑娘小伙打场忙。粮满仓、笑声甜，丰收的喜悦醉山乡……”愉快的歌声飘荡在田野上，随风飘向远方。

金色的季节来了，那是收获的时光。粗犷的普米族男子，甩开结实的肩膀，弯腰收获着粮食；勤劳的普米族女子，挥舞灵巧的双手，扬撒着金色的麦粒。小伙打场，姑娘扬粮，丰收之歌响彻大山。没有净土，也没有乐土，只有劳作才会有收获。一个勤劳的民族完成了从狩猎游牧到农耕的转变。旋律优美轻快，场面洋溢着丰收的喜悦。人们把丰收的麦穗献给母亲，这是对母亲最大的报答，母亲抱着麦穗，享受着丰收的快乐。

传承舞

第三场“火之韵”。展现普米族特有的火塘文化，在时间的长河中文化基因从来没有断代过，被一代代普米族人传承下去。

火塘熊熊燃烧，火苗噼啪响起。火塘边，一群孩子围坐在一起，倾听一个老者吟唱着古老的歌谣，唱的是年年岁岁，朝朝暮暮里迎来的每一天，吟唱的是普米族祖先走过的路、看过的风景和要走向的远方。四弦琴声响起，老人和孩子们在四弦琴里互动，跳起了欢乐的普米族“搓蹉”。“来跳吧！来唱吧！弹起欢乐的琴弦，跳起激情的搓蹉。来唱来跳多欢畅……”这是生活的延续，也是文化的传承。火塘里，有着普米族远古的故事，三脚上，有普米族精神的寄托。就这样传承，就这样一代代传下去。

海螺声响起，老人再次将孩子们聚集在火塘周围，一遍遍低声细语，殷殷嘱托，不能忘记来路，不能断了记忆……画面变化，风声凄厉、大雪肆虐，在一座座雪山的脚下，普米族儿女在艰难地迁徙，一步一步向前移动，经历着岁月里的困苦，在苦难中不忘相互搀扶，相互安慰。残酷的环境夺走了一个又一个鲜活的生命，活着的人将死者从火堆里送到天堂。“戎肯”凄凉的声音在大地上回响：

天上的星月不亮了，
地上的草木枯黄了，
喊你三声没有答应，
叫你三回没有转身，
你就这样离开亲人，
你就这样踏上归程了，
朝着太阳升起的地方，
大胆地去吧，
放心地去吧！
归宗的路上铺满了鲜花，
朝着太阳升起的地方，
去吧，放心地去吧
…………

第四场“篱笆恋”。表现了普米族的浪漫爱情。高山草场上，围栏处是普米族人家。一曲拨动心弦的四弦，那是“阿布”的心声，拨动着美丽的普米族姑娘的心弦。一首弹入心扉的口弦，那

是“阿乃”在回应普米族小伙的追求。围栏围不住年轻人跳动的情感，我在这头，你在那边。姑娘的心思就是篱笆上的结。是打结，还是解结，就看小伙怎么解开篱笆上姑娘心里的千千结！我用四弦传情意，你拨口弦诉衷肠。画外音乐里歌声传来：“我心上的花，我俩在一起，像青山和白云，永远不分开……”

第五场“酒歌”展现普米族对美好生活的礼赞。来路艰辛，但是苦尽甘来。人们歌唱新生活，歌唱新时代，祝福美好的明天。由普米族三大男高音歌唱演员曹新华、和英贤、杨国梁共同唱响了希望的歌……

↑篱笆恋

↓普米赞歌

亲亲的好兄弟，

大家一起来举杯，

让我们在一起，

同饮一杯吉祥幸福的酒。

祝福大家吉祥如意我们同举杯，

祝福大家生活美满我们共欢庆。

来吧来吧兄弟姐妹，

来吧来吧父老乡亲。

美酒敬亲人，敬亲人。

青山高，普米就在青山下劳作收获，

白云飘，普米就在白云旁边歌唱美好生活……

第六场“生之魂”表现了普米族人在新时代条件下对民族文化的继承发扬和传承，并踏着时代的节拍，走向美好的未来。四弦的琴声响起了“咪咪嗦哆嗦哆，咪啦嗦哆嗦哆”的旋律，父母亲教孩子踩着节奏，学习普米族的舞蹈，“搓蹉”“碗筷舞”等一步一步悉数教授。清脆的笛声响起来，那是“碗筷舞”的节奏，一群身着艳丽服饰的普米族姑娘手持碗筷跳起来。普米族伙子手握四弦琴边弹边跳，手抱羊皮包的汉子敲起节奏也跳了起来。普米族的“撞胯舞”脚对脚、胯撞胯，逗趣诙谐，快乐无限。

“荷花奖”奖杯

随着“龙跳舞”的音乐戛然而止，舞蹈的主旋律再次响起，“玛达咪”的歌声中儿女们把自己的孩子领到已经苍老的“母亲”跟前，年迈的“母亲”端详着一代又一代的子孙，脸上露出满足的微笑……

“咪咪嗦，哆嗦哆”，龙跳舞的旋律再次响起，人们一同踏歌而行，走向辉煌灿烂的明天。

《母亲河》由云南著名作曲家刘晓耕教授作曲，云南艺术学院舞蹈学院但丽鹏教授、黄自新老师等倾心创作编导，将音乐与舞蹈完美融合，诠释了这个古老民族的过去、现在和将来。音乐远去了，帷幕落下了，却让人意犹未尽。

第九节　坚守在保护与发展传统文化的路上

一、茸芭莘那——民族文化的守护者

茸芭莘那出生于云南省怒江傈僳族自治州兰坪白族普米族自治县。1998 年，她从云南省艺术学院音乐科毕业后，进入怒江州民族歌舞团成为一名独唱演员。怒江州民族众多，民族民间文化丰富多彩，在州民族歌舞团的几年里，茸芭莘那扎根民族文化土壤，不断吸收养分。

她荣获 2006 年 CCTV 青年歌手大奖赛民族唱法组铜奖、2006 年《星光大道》年度总冠军。2007 年开始，茸芭莘那先后赴美国、俄罗斯、法国、意大利、日内瓦、澳大利亚、韩国、迪拜、南非、苏丹、乌干达、吉尔吉斯斯坦、缅甸等国家或地区演出。“能把

茸芭莘娜

我们中国少数民族的音乐，云南的、怒江的音乐，一次次唱响国际舞台，我特别自豪。我一定不会让关心我、支持我的观众失望，一定竭尽全力圆满完成一个个使命！”茸芭莘那说。她在 2012 年第四届全国少数民族文艺会演获“最佳演员”奖。她还是第十二届、十三届全国政协委员。她始终坚持一件事，做民族文化的守护者。

2013 年 3 月 22 日晚，俄罗斯中国旅游年开幕式在克里姆林宫大礼堂隆重举行，中国国家主席习近平和俄罗斯总统普京共同出席并致辞。开幕式后，两国元首同中俄各界人士 5000 多人观看了由中国艺术家表演的《美丽中国》主题文艺演出。茸芭莘那是这次演出中唯一的女声独唱，献唱了自己的代表作《怒江大小调》，向世界呈现了源自怒江大峡谷的天籁之音的魅力，展示了中国文化和中国少数民族的风采。时任国务院副总理的汪洋在演出结束后，走到台上向演职人员道贺。他握着茸芭莘那的手说："茸芭莘那，今天晚上你唱得非常好！我从青歌赛开始就关注你了，你很有个性、有特色。总书记都说知道你，以后要好好唱，多为民族文化做贡献！"茸芭莘那回忆起当时的场景时说："那一刻我真的无比兴奋、无比荣耀。"

茸芭莘那不仅仅是一个歌手，她还是一个致力于民族文化保护和传承的使者。2018 年，茸芭莘那作为发起人与国家图书馆中国记忆项目中心团队一起策划了《人口较少民族口头传统典藏计划》，这项工作主要围绕我国总人口在 30 万人以下的 28 个人口较少民族开展。茸芭莘那和国家图书馆中国记忆项目中心团队从 2018 年开始，三次深入云南省普米族主要聚居地，行程三万多千米，在深入调研的基础上，通过田野工作筛选和确认采录对象，以录音录像的方式把他们的作品记录下来。截至目前，工作团队记录了普米族传统婚礼、祭三脚等重要民俗活动；拍摄了 90 多岁普米族老人曹长寿讲述的 20 多个普米族民间故事；在北京典藏了 7 位普米族歌手演绎的 50 多首普米族传统民歌；搜集了大量与普米族口头传统有关的书籍、影音等资料，并且正在开展云南省 8 个人口较少民族口头传统典藏计划资源建设。

⬆茸芭莘那到民间采风

⬇茸芭莘那在全国政协会议上

2019 年 7 月 17 日，《人民政协报》刊登了记者采访茸芭莘那的一个报道：

从一名展示自我风采的歌手，到一名担当责任的少数民族全国政协委员，茸芭莘那在转换这两种截然不同的角色过程中始终专注一件事情：抢救和保护少数民族传统文化，尤其是人口较少民族的传统文化。

“许多人口较少民族和普米族一样，只有语言而没有本民族文字，民族的文化和记忆主要靠口耳相传、口传心授的方式代代传承下来，随着原本掌握本民族传统文化传承人的高龄化，一些独具特色的传统文化正在面临消亡，所以保护人口较少民族传统文化显得更为紧迫。”正因如此，她珍惜每一次来统战系统、全国政协等各种有关文化会议的发言机会，甚至“抢话筒”呼吁有关部门要高度重视。

从 2013 年第一次参加全国两会到现在的七个年头里，茸芭莘那的每一份提案都与保护少数民族传统文化有关，包括加强濒危语言文字保护、非物质文化遗产保护、口头传统典藏计划等等。这些提案的形成，离不开她一次次跋山涉水深入偏远少数民族地区考察调研，离不开她每次走基层演出后不顾劳累继续采风，也离不开她无数次往返奔波在各个会场，虚心向前辈请教，不断丰富和论证自己的观点。就这样，茸芭莘那的努力得到了大家的认可，她的提案常常获得委员们的联名支持。

在 2016 年 3 月政协第十二届全国委员会第四次会议上，茸芭莘那在人民大会堂为全国五十六个民族代言，发出了《国家——五十六个民族的最大认同》的呼唤：对国家的认同，是一切美好生活的基础，不仅是大家的精神追求，更是创造美好未来的强大动力。

在 2018 年全国两会首次开设的“委员通道”上，身着普米族服饰的茸芭莘那面对众多中外媒体讲述了她和家乡的故事，并以少数民族自己的方式——一首普米族古歌，歌颂伟大的新时代。

2018 年 8 月，国家图书馆中国记忆项目中心启动了《人口较少民族口头传统典藏计划》，茸芭莘那作为典藏计划的联合发起人和民族咨询委员会专家组召集人全程全力参与了此项工作，为传承人口较少民族文化工作迈出了重要的一步。

文化的力量润物无声。茸芭莘那认为，蕴藏在少数民族优秀传统文化中的精髓，正是社会主义核心价值观的外延，保护和传承少数民族文化有助于民族团结，起到凝聚人心的作用。

“在我的家乡，有很多老人大字不识，但他们一直教育后辈都要尊老爱幼，尊敬师长，出门在外一定要遵纪守法、与人为善。我们从小就很注重礼仪培养，家里来了客人，晚辈们要双手奉茶；逢年过节，孩子们还要翻山越岭给亲戚长辈送去礼物，表达问候……这些都是中华民族的传统美德，也正是现代社会所提倡的。”茸芭莘那说。

在少数民族偏远地区，还保留着拜山神、拜龙王的古老仪式，茸芭莘那说，以前村里人畜的饮用水都来自山泉或村中大树底下

小学生在学习表演《撞跨舞》

的池塘，所以新年伊始，村里的长者就会带领全村人进行祈福仪式，感恩大自然的馈赠，祈祷来年风调雨顺，六畜兴旺。老人们还会通过各种规矩告诫孩子们，要保护树木，不要弄脏了水源，因为这些都是支撑生产生活的来源。

“这些仪式传递出的价值观，跟我们国家倡导的绿色发展、生态保护的理念是一脉相承的，理应作为一种民族记忆、文化符号保护下来。”茸芭莘那认为。

“每次去少数民族地区采风，我都能感受到当地少数民族群众对党和国家的那份质朴的热爱之情。特别是在开展《人口较少民族口头传统典藏计划》工作中，每到一个村子，大家没有太多语言，说的几乎都是同样的话，那就是感谢国家，感谢国家重视我们民族文化！”茸芭莘那说，所有参与这项工作的父老乡亲、家家户户，大家都是义务帮忙，分文不取，同胞间的情感就这样更加凝聚了……

如果说，之前都是用发言或者呼吁来表达诉求，那下面这组数字，则是茸芭莘那这两年为传承人口较少民族传统文化付出的实际行动：2018 年《人口较少民族口头传统典藏计划》启动以来，在短短的 3 个月间，她与工作团队 3 次赴云南省普米族主要聚居区，行程 3 万多千米，完整记录了一场普米族传统婚礼、祭三脚等重要民俗活动；拍摄了 90 多岁普米族老人曹长寿讲述的 20 多个普米族民间故事；采集了 7 位普米族口头传统的持有者和传承人在原生环境中的口述史影像；收集了大量与普米族口头传统有关的书籍、影音等资料；邀请了 7 位普米族歌手到北京，在央广、中唱的专业录音棚、录影棚，记录并典藏了 50 多首普米族传统民歌……

三句话不离民族文化，已成为茸芭莘那“改不了”的“本能”。她说，每一部厚重的民族文化都是中华文明自信的根源，生活在当下的每一个中华儿女，都应该成为中华文化的守护者。

谈到未来的规划，茸芭莘那说，做完普米族的口头传统典藏工作，还要参与其他人口较少民族的口头传统典藏工作；作为歌唱演员，还是要把歌唱好，通过人口较少民族口头传统的典藏工作，从各民族的文化中，汲取更多的养分，努力多出一些好作品。

这就是茸芭莘那，一个把民族文化保护与传承置于个人歌唱事业之上的文艺工作者。

二、致力于普米族传统文化传习的小组

2002 年 10 月，《同一首歌》《黄土高坡》《让世界充满爱》

普米族传统文化传习小组

等名曲的词作者陈哲先生在兰坪县委、县政府力推民族文化发展的背景下，向兰坪政府提出一个建设性创想：组织并培育一个有质量标准的小组，目的是：打造样板，示范全县，对内拉动信心，对外扩大影响。此提议在县政府直接支持下进入实施。11月，“普米族文化传习小组”首次启动，组建“上水俸村寨小组”，成员4名。具有重大意义的“兰坪式”文化工程，从此拉开序幕。

数年来，陈哲工作组怀着对多样性民族文化的尊重与热爱，通过不懈努力在滇西北地区创建民间传承模式。普米族文化传习小组基本形态经过3年的发展已基本固定下来，由8位来自山寨的姑娘组成，最小的16岁，最大的21岁。她们以传习普米族民间歌舞、乐器、文化等为主，同时协助“土风计划”项目拉动社区年轻群体推动村寨文化传承。

一个以活化传承为理念的基层年轻群体组织，在现代社会的夹缝中探索一条文化传承与发展的道路，他们就是兰坪普米族传统文化传习小组。这是兰坪普米族的骄傲，以下是这个小组活动的轨迹。

2002 年 10 至 11 月，兰坪县普米族聚居地上水俸村探索组建第一山村小组。

2003 年春节，在政府背景下组建了“兰花 1 号”小组，设在兰坪县职中，由该校专业老师进行培训。9 月确立为普米族文化民间传习小组，在罗古箐封闭式集中训练传习，历时三个多月。聘请民间艺人及专业老师，传授普米族的四弦、口弦、搓蹉、民歌及形体、简易音乐基础等。从此，传习小组相对稳定下来。10 月陈哲老师推荐并引领普米族民间男子组参加广西民歌节《南亚风情夜》的汇演，普米族民间男子组带去的原创歌舞《阿哑贡嘎》首次参加国际性会演，壮丽而古老的人文历史，高亢而激昂的男子歌声，带着梦一般的阳刚激情，穿透东南亚的苍穹，《阿哑贡嘎》赢得了极高的赞誉。

2004 年 4 月普米族传统文化传习小组参加大理国家会议，上台展示活化传承成果，赢得业界关注与赞誉。由陈哲工作组申报，被《中国民族间文化保护工程》列为 29 个试点之一，文化部（现文化和旅游部）将其正式定名为“普米族民间文化传习小组”，简

普米族文化传习小组参加在兰坪县的各种活动

称普米族传习小组。其间，小组受到时任云南省委副书记丹增同志的接见，并汇报活化传习成果，受到了肯定与鼓励。10 月普米族文化小组赴北京，参加“滇西民间歌舞进校园”活动，在清华大学、天津音乐学院、北京舞蹈学院、首都师范大学、中国音乐学院等高校演出，引起广泛的反响。小组在京还参加由文化部民族民间文艺发展中心及中国音乐学院举办的“原生态音乐及其发展－以土风计划为例”研讨会。11 月普米族小组的发展进入一个重要阶段，她们分头进村，以项目协调员身份面对村寨男女老少，开展协调组织、教学传承等工作，同时也接触祖辈老人再深入学习传统技能。作为传承工作的种子，在各自的本村推动传承。自此，土风计划村寨传承探索正式启动。

2005 年 4 月土风计划村寨传承项目专家组进驻兰坪县河西乡的普米族村寨联合村，支持普米族民间艺人杨文锦民间工艺点建设。提出创意，恢复普米族的传统乐器羊头四弦琴的制作，并由王未老师亲自执笔设计出草图，从此，羊头琴风靡兰坪。11 月《土风计划村寨文化传承项目——昆明试点交流展示会》在昆明举行，土风计划项目组全体工作人员，第一次面向全社会公示活化传承项目的意义以及山村探索的重点。当时，中央电视台、人民日报、人民音乐、青年报、云南日报、生活报等出席了会议，并重点对此做了新闻报道。云南省委宣传部和云南各大学的一些教授、专家学者，以及社会组织和公益团体等也出席了展示会。

2006 年 1 月，普米族小组集体到京录音，节目成果包括整理四弦十二调。春节期间，首次去到了国家非遗中心。2—4 月在北京兴隆家园集训，其间首次在《中国国际广播电台》用普米语做国际广播节目；参加首届中国非物质文化遗产成果展；在两会期间，普米族传习小组给国家领导专场演出，普米族传习小组是唯一一个被列为文化传承模板被隆重介绍，受到了人们的赞誉及高度评价。

2006 年 7 月，普米族小组参加中央电视台第 12 届青年歌手大奖赛。9—12 月，北京一东方太阳城集训期间，参加中央电视台《民歌盛典》节目工作等。

2007 年 7 月，云南省委宣传部提议，在全省文化界面前，介绍土风计划和普米小组。普米族小组参加了在楚雄举办的云南省青歌赛。10 月在北京联合国第 32 届世界音乐理事大会上参加了云南原生态歌舞展演。12 月普米族小组受邀参加在北京钓鱼台国宾

陈哲老师和小组在一起

馆举行的“国家外交部年会”，受到党和国家领导人的接见。

2008年1月，普米族小组参加了央视迎奥运节目，同时参加了解放军歌剧院文化传承公演《鲜活的非物质文化遗产在村寨——留住文化表情》，获得了广泛关注与赞誉。4月普米族小组参加奥运会前期活动的上海世界音乐周，小组负责展演传承节目。5月普米族小组离开北京回到兰坪白族普米族自治县，土风计划与小组一起创办了“土风茶坊”。

2009年5月，普米族小组应厦门大学之邀，给厦门大学的师生带去了普米族劳动生产歌舞乐，并与厦门大学的学生们创作的诗歌、舞蹈，穿插呈现在舞台上，给师生们留下了难忘的印象。6月小组再次到北京，进行普米族的古歌演练。并以“白兰姐妹”组合形式，代表普米族参加中央电视台青年歌手大奖赛，以普米族古歌《哩哩》进入原生态歌组的决赛。中央电视台著名主持人董卿在直播现场花了最长时间采访了白兰姐妹中的每一位成员。8

月份通过土风计划小组和社会的资助，在当地政府和县文化局支持下，普米族小组利用茶坊阵地，组织策划举办了“兰坪首届四弦大赛”活动。激发了更多人学习四弦的兴趣，有助于推动普米族文化的继承和发展。12 月 31 日普米族小组土风班组受邀参加云南卫视大型公益晚会《地球之声》，进一步推动社会对村寨绿色保护项目的关注与资助。

2011 年两会期间，得到国家文化部非遗司的支持，土风计划主办了《守护家园 · 文化表情》文化传承公演，受到社会各界及两会代表盛赞。4 月在四川绵阳，小组参加了中国原生态民歌盛典暨中国民间文艺第十届“山花奖”民族民间音乐类比赛，获展演银奖以及优秀传承人奖。12 月小组到澳门参加“澳门国际文化巡游活动”。

2013 年 3 月普米族小组参加 CCTV-4 频道拍《远方的家》栏目的节目。

12 月参与拍普米族首部电影《戎肯》。

2014 年 2 月，在社会各界人士以及政府的关怀支持与带领下，普米族小组赴法国参加中法友谊建交 50 周年的系列活动，第一次使普米族文化走向了世界，使世界第一次认识了普米族文化。

从 2014 年开始，小组带着普米族乐器羊头四弦琴和口弦，担任“牧羊人”乐队主唱，走在国内外宣传民族民间音乐以及融合现代特色音乐创作路上。把国内的民族民间音乐和现代音乐融合在一起，形成了有特色的创作，并参加国内央视《我要上春晚》

节目。在浙江卫视《我看你有戏》节目中进入全国十强活动里助演，参加了山西卫视《歌从黄河来》等大型公益活动的表演。这一年，小组还代表中国文化部到英国爱丁堡苏格兰参加国际边缘艺术节。7月参与拍摄普米族首部微电影《羊头琴王》。

2015年1月，兰坪举办了《羊头琴王》首映式暨土风小组汇报演出，在群众中引起广泛热烈的反响。

2016年9月，法国和谐之声合唱团到访云南怒江，并回访了兰坪。在县委、县政府和社会各界的重视支持下，兰坪县土风文化发展协会与法国法中友协联合会成为联谊协会。

2017年5月29日，普米族小组在罗古箐拍摄微电影《情人树下》。5月29日，“七彩云南全媒体走进怒江采风活动小组”普米族小组对普米族传统文化进行了介绍并予以展示。7月15日，小组赴楚雄参加“七彩云南”民族赛装文化节，荣获银奖和组织奖。8月，普米小组在北京市政府组织的“民族团结教育课”中，以普米族传统文化传承人身份参加非遗民族文化的讲解和教学工作。10月11日，赴六库为“中东欧艺术总监采风团”展演介绍普米族传统文化，得到中东欧艺术总监采风团的认可，被邀请参加2018年6月赴中东欧国家展演交流。

2018年2月28日—3月31日，兰坪县土风文化发展协会受邀再次赴法国文化交流展演。10月小组开展组织开设“民间古老竹制乐器口弦学习班”。

十几年来，普米族小组从土风计划的阶段培养，到社会与政府的关心关注一路走来，坎坎坷坷、起起伏伏，但是一直都在向前走。虽然因各种原因组织平台、阵地、人员，总有断断续续、人员来来回回，但每一个阶段有成员轮流着承担主事，并有一些核心成员承担接连各个阶段的工作发挥重要作用。一批批成员们付出的青春，让一开始的“村寨小组”成为现在国家命名的“普米族传统文化传习小组”，让普米族文化保护观念深入人心，也

↑普米族文化传习小组参加中央电视台民歌盛典

←参加联合国教科文组织音乐理事会文艺展演

让普米族文化一步步展露于人们视野中，越来越多的人关注和喜爱普米族文化。李长秀在普米族文化的传承与弘扬里心中满是欣喜和感动。她说，在传承人的这条道路上，她们不仅仅是被救助者，更是救助者。因为有了像陈哲这样外界人士的帮助，才让她们受惠于资助、享受免费培训，让本民族的文化得到保护，于此，她们是被救助者；在传承和宣传本民族文化的事情上，她们的力量依旧很薄弱，但是这 16 年来，她们一直坚持在为普米族民族文化的保护传承贡献自己的力量，进而她们的队伍越来越壮大，于此，她们是救助者。小组对外联络员和九贵介绍，现在组员大多都是山寨中的年轻人，组员们以传习普米族民间歌舞、乐器作为突破口，之后再拓宽到民间手工艺、习俗历史和整个传统文化领域，最终组员们还要肩负着拉动村寨的年轻群体，影响父母和族人，而且要负责执行大小传统文化活动，用自己的行动去推动村寨文化传承，活化生存的观念和整个环境。

记住这些为传承普米文化付出努力的人们：估丽茸咪、和九贵、杨珍美、李长秀、李正繁、和勇、熊七妹、杨石祥、李冬梅、李秀梅、李艳梅、李宗丽、熊丽萍、和正琴、杨志莲、和军、熊梅、和国华等。特别强调和感谢的是文化名人陈哲先生，因为有了他才诞生了普米族小组，有了他普米族文化才走出了兰坪，走向全国乃至世界。如今，这一群普米族人依然还在为继承和发展普米族文化努力着、奉献着。

第十节　箐花村——普米族传统文化生态保护区

箐花村是兰坪普米族聚居的核心地区，比较完整地保留了普米族传统文化的生态特点，于 2006 年被云南省确定为云南省普米族传统文化生态保护区。

一、自然生态

箐花村地处兰坪白族普米族自治县河西乡境内，箐花村下辖的八个村民小组中的箐口、玉狮场、杂木沟、青岩头、东风西岩五个村民小组是普米族聚居村落。2019 年底，全村共 468 户 1774

人。这五个自然村秉承了保护生态环境的良好传统，各村均坐落在群山环抱的半山坡上，村寨四周是郁郁葱葱的原始森林和天然牧场，森林覆盖率在 85% 以上。主要树种有云南松、华山松、冷杉、铁杉，珍贵树种有红豆杉、榧木等。

箐花村下辖的箐花甸国家湿地公园，地处兰坪、丽江、维西三县交界处，是老君山脚下的一块天然牧场。牧场绿草如茵，牛羊成群，并有形状多样的草甸流泉。每年端午节前后，草甸上的杜鹃花盛开，鲜花、绿草、流泉、蓝天、白云和悠然吃草的牛羊，一幅美好画卷展现在眼前。从村里很早就形成的村规民约中可窥见箐花村对自然的保护：

（1）每年 6—8 月封山育林，禁止伐木、打猎。

（2）家庭建筑用材，要通过氏族、村寨协商才能有计划地取用，不许乱砍滥伐，不许私人伐木出售。

（3）每年冬季放火烧牧场一次，保证来年牧草兴盛。烧牧场时全村出动，分兵把口，严防山林火灾。

（4）在山林中用火必须小心，严防火灾。若发生火灾，必须追究责任，肇事者必须请村寨老人议事，招待酒饭，接受处罚。

基于区位优势和普米族朴素的自然观，使箐花村的自然生态环境保护得比较完好，无形中也契合了国家提倡的新发展理念，为正确处理人与自然的关系树立了典范。

二、传统的经济模式

在箐花村，主要以畜牧业为主，主要牲畜有羊、马、骡、牛、猪等，都是采用传统的放养模式。农产品主要是玉米、小麦、大麦、青稞等。

一些传统的劳作工具一直存在于普米族的生产生活中，常见的有犁、锄头、镰刀、砍刀、耙、斧等。普米族老人杨文铎擅长打制农具，每年都有不错的收入。

箐花村的经济作物有核桃、木瓜、花椒、向日葵、当归、木香、漆树、烟草、秦艽、天麻、五味子等。由于森林保护得好，这些经济作物为村里脱贫致富提供了一个门路，增加了村民的收入，改善了村民的生活，从而践行了“绿水青山就是金山银山”的理念。

在村里还保留了大量的传统手工业，如纺织、编织、酿制黄酒、榨油、制糖等，几乎不出村就可以满足生活所需。值得一提的是箐花村的竹器编织，大到圈羊围地的篱笆，小到牛马嘴罩、背篓、簸箕、筛子、针线盒等应有尽有。普米语称“迪笆”的竹器篾盒非常精美、实用，曾作为代表普米族的吉祥物献给 1992 年中国艺术节。箐花普米族的特色工艺主要有羊皮披风和羊毛制品。羊毛披风是在探亲访友、婚丧年节时穿戴，可装饰、可御寒，也可做姑娘嫁妆。羊毛制品经过选色、弹细弹匀、洒水铺平、滚动、定型工序后，即可形成毛料。根据所需，又可将毛料制成氆氇、

王狮场村的老人们在聊天

毡、帽、鞋等。制成的羊毛毡结实柔软，有的还在羊毛毡上勾勒图案，待图迹晾干，再放进兑好的颜料中浸煮，捞出晒干，稍加修整，就成了色泽艳丽的画毡，备受人们喜爱。

良好的生态环境蕴藏了丰富的药材资源，有天麻、贝母、龙胆草、紫丹参、雪上一枝蒿、大白及、菖蒲、五味子、鸡血藤、何首乌、黑骨藤、山杜仲、山玉兰、刺黄连素、刺五加皮、山胡椒、猪苓、茯苓、蝉花、灵芝草、猴头菌等。勤劳聪明的普米族人珍视这些资源，不滥采滥用，尽量做到物尽其用。每个村子都有民间草药医生，会识别各种药材的功效，并用来治疗各种疾病。如：他们把菖蒲与蒿枝一起泡在黄酒中饮用，可以防治风湿等杂症；他们用蝉花治疗小儿惊风夜啼、咬牙、咳嗽、视物不明、赤肿疼痛、痘疹遍体作痒等症。

三、深厚的传统文化

在箐花的五个自然村子里，人们都是用普米语进行日常交流，在一个普米族家庭中，听不到除了普米语以外的任何一种语言。普米族人普遍认为，现代社会的电视、手机、广播非常普及，受其影响，人们对汉语无师自通，由于经常看电视和玩手机，村里小孩的普通话都讲得非常好。但是普米话如果没有人讲了，最终就会消失，这个语言消失，这个民族也就不存在了。所以，他们特别重视普米话的传承，小孩从出生开始，父母就用本民族语言与其交流。这种对本民族语言的认同，一定程度上体现了这个民族的自信。

箐花村的普米族服饰较完整地保留了传统的用料和样式。妇女服饰庄重艳丽，美观大方，喜用宽大的红、绿、蓝、黄色彩带束腰。普米族男子服装一般穿对襟麻布衣，着宽大长裤，披羊皮领褂，左衽，像藏族穿戴。

箐花村的传统民居是木楞房，一般选择背靠青山、面向流水的半山坡上。所有建筑材料都取之于山林，可循环利用。

箐花村最重要的节日是吾昔节。这一天，村寨放火炮（后改为鞭炮）三响，并吹响牛角号，团圆饭一定要 12 道菜，而猪头肉是必不可少的。饮料以黄酒为主。在进餐之前，必须进行祭祖宗仪式。

箐花普米族以玉米、小麦、燕麦和青稞等为主食。普米族的婚宴上，盛行八大碗，即大块肉（由 18 块菱形肥肉镶嵌而成，染成红色，每块约重二两）、一口肉（由切成小方块的精肉盛成一大碗，每块约重半两，可一口吃）、香肠、酥肉、粉蒸、瘦肉丁、豆腐圆子和粉丝。丧葬时的餐饮一般要杀一头猪和一只羊为主菜。

在民歌里，几乎所有的“哩哩”调子都可以在箐花村里找到。“搓蹉”的十二个传统舞步也在村里保护得十分完整。

箐花普米族中至今还保存着一些朴素的原始道德。他们非常勤劳，崇尚劳动致富，鄙视和厌恶偷盗。对老人十分尊敬，凡家族重大事务要由老人协商决定，重大祭祀要由老人参加主持，起居及议事要请老人就座正位，同老人讲话要毕恭毕敬，不能高声大气，在老人面前不能跷二郎腿或吸长烟锅。起房盖屋、红白大

织布

事，邻里乡亲都来互相帮助。放牧中，常常由两三户邻里组成一个放牧小集体，轮流出工，集体放牧，合理支配劳动力。

箐花普米族的宗教信仰，主要表现为自然崇拜，崇拜天神、地神、山神、水神、火神等自然诸神，崇拜祖先等原始信仰。普米族信仰万物有灵，因此所信仰的诸神成为祷告祈求的对象，并在年底、年初、清明和七月半祭祖的仪式上向上述诸神祈求平安。

玉米丰收

火塘边的传承

第三章

日子好如歌

——兰坪县普米族整族脱贫纪实

兰坪是全国唯一的白族普米族自治县，在脱贫攻坚战中，兰坪县的普米族人民在各级党委、政府的领导下，在帮扶单位的指导下，紧紧抓住机遇，提前一年实现了脱贫摘帽的目标。

兰坪是一个多民族聚居地区，有白族、普米族、傈僳族、彝族、怒族、汉族 6 个世居民族，全县面积 4372.14 平方千米，辖 4

大羊场的秋天

镇4乡，116个村民委员会，5个居委（社区）。总人口21.8万人。兰坪县的普米族人口主要分布在金顶、通甸、河西、石登、啦井等5个乡镇的22个村委会，共有212个自然村8418户， 2019年底，普米族户口人数为19434人。

兰坪的普米族分散居住在海拔1950~3984米的高寒山区和边

远山区，这些地区海拔高、气候寒冷、山高坡陡，生产和生活环境恶劣。过去，普米族地区“靠山吃山”，有一部分群众靠采伐林木增加收入，不少家庭得以脱贫。现在天然林保护工程实施后，靠山不能吃山，失去收入来源，加上产业结构单一，交通不便，农副产品流通困难，无法转化为商品，经济收入没有保障，已脱贫的家庭又重新返贫。与全国、全省乃至兰坪县的其他民族的发展还有一定的差距。

第一节　吹响精准扶贫的号角

2018年3月21日，农业农村部召开“三区三州”产业扶贫对接会，专题研究部署“三区三州”产业扶贫工作，要给“三区三州”办实事“吃小灶”，统筹各类措施倾斜支持当地特色优势产业发展。指导制定“三区三州”产业扶贫三年行动计划，在“三区三州”选取18个县作为扶贫联系县重点支持。兰坪是“三区三州”深度贫困区的重点县份，自然条件差、经济基础弱、贫困程度深，是脱贫攻坚的一个主战场。

国家部署，将中国长江三峡集团公司安排到兰坪，扶持兰坪县的人口较少民族普米族和怒族。根据中国长江三峡集团公司与云南省人民政府签订的《支持云南省人口较少民族精准脱贫攻坚

誓师大会会场

合作协议》和《三峡集团帮扶兰坪县普米族、怒族精准脱贫攻坚实施方案》要求，开始在兰坪县启动了三峡集团帮扶普米族、怒族精准脱贫攻坚项目工作，大力实施大扶贫战略行动。三峡集团瞄准县内普米族和怒族两个人口较少民族聚居村 25 个村委会 227 个自然村，调查研究，认真实施项目。云南地方积极主动配合，省、州、县对普米族 22 个行政村派出了 22 个挂联单位，在项目乡镇、村各级的积极配合和项目地群众的广泛参与下，推动了兰坪县扶贫攻坚工作大局和加快了普米族群众脱贫致富步伐。三峡集团帮扶计划项目建设内容涵盖提升素质能力、劳务输出、安居工程（含易地搬迁）、培育特色产业、改善基础设施、生态环境保护等 6 大工程。项目惠及普米族聚居村 22 个行政村、212 个自然村，33647 人，普米族家庭人口 24104 人。

完成安居工程 2015 户，农户入住率 100%，普米村寨基本实现了安全稳固住房，村容村貌和居住条件得到很大提升。

誓师大会会场

实施乡村公路硬化 15.5 千米，村内道路硬化 177430 平方米，村组道路建设新开挖 26.44 千米，通组道路硬化 54 千米；农村危桥改造 3 座，安装太阳能路灯 310 座；建设农村学前教育校舍 12 所；建设饮水安全巩固提升 74 个点，解决 3031 户人畜饮水困难问题；新建村级活动场所 3 个和村小组活动场所 71 个，村级篮球场 2 块；实施乡镇卫生院建设 2 所，使普米族项目区的基础设施条件得到了极大的改善。

在普米族的村寨建设中药材金银花种植基地 1200 亩，建设 6 个村集体经济项目，扶持 4 个农民专业合作社，投放云岭山羊 5500 余只，144 户建档立卡贫困户与生猪养殖企业达成 8 年的长期“托管代养”合作项目，拓宽贫困群众增收渠道。建设 6 个村集体经济项目，使村集体有了一定的收入来源，对解决村级“无钱办事”起到了积极作用。建设易门箐易地搬迁安置点农贸市场建设 1 个，6 个村集体经济发展项目，配套建设易地安置点蔬菜基

地 1000 亩，农村产业带动了脱贫致富的步伐。

实施健康工程，对全县建档立卡户结核病专项集中筛查 102665 人，救助重大精神病及肺结核病患者救助 936 人，家庭医生签约服务 95610 人，医疗机构业务骨干拴心留人工程 286 人，残疾人家庭无障碍设施改造 842 户，残疾人辅助器具发放 2446 套，建档立卡贫困人口参加基本医保和大病保险 95610 人。

提升人居环境工作，积极推进实施农村垃圾收集房建设 219 间，投放垃圾桶 600 个，实施农村卫生公厕 132 间，极大地改善

了普米族地区人居环境。

通过一系列项目的实施，普米族群众的收入得到了提高。2016 年至 2018 年完成 2559 户 10615 人建档立卡贫困人口脱贫，基本实现项目村群众人均收入达到了“两不愁三保障”的目标。

通过各级党委、政府的努力，加上三峡集团的帮扶，进一步解决了人口较少民族群众的住房安全、饮水安全、出行难、就医难、无村级活动室、无村集体经济、无稳定增收产业等困难，加快了兰坪县脱贫攻坚的步伐。普米族居住的下辖 20 个贫困村中金顶镇干竹河村、啦井镇桃树村 2017 年 2 个贫困村出列，2019 年啦井镇长涧村、挂登村，河西乡大羊村、联合村、箐花村、三界村、玉狮村，石登乡大竹箐村、回龙村、庄河村、仁甸河村，通甸镇龙潭村、水俸村、东明村、箐头村、弩弓村、德胜村、河边村这 18 个贫困村出列。通过三年的帮扶实施，普米族村寨出现了明显的变化：村庄漂亮了，房屋安全了，人们容光焕发，精神抖擞。

下高坪村寨门

第二节　打赢脱贫攻坚战役

要实现一个地区一个民族的脱贫必须要有针对地方区域的政策措施，各级党委、政府的挂帮干部与当地的村社认真分析村情、社情，结合实际，制定了符合村情社情的脱贫方案。

2017 年 6 月国家对建档立卡评定进行了严格的规定，紧紧围绕“两不愁三保障”，对所有农户做到应纳尽纳、应退尽退、该剔除则剔除。根据县乡动态方案，在普米族地区与全县同步进行，在村内开展动态管理工作。层层把关，把数据了解清楚，农村情况掌握准确，促使脱贫工作稳步推进。

一、创新扶贫产业管理模式

普米族村寨的条件有共性，也有个性。根据各村的特点，在实施扶贫产业政策当中具有针对性，不搞“一刀切”，做到了具体问题具体分析。

按照村情开展养殖业。根据兰坪县境内普米族村寨的具体情况，养鸡的农户主要在大羊、玉狮、联合、箐花、仁甸河这 5 个村委会，共养殖 13400 只；牛的养殖分布在大羊、仁甸河、大竹箐、河边、龙潭、箐头、水俸 7 个村委会；养羊扶持在高坪、干竹河、仁甸河、庄河、德胜、河边、桃树、长涧 8 个村委会。养猪却安排在高坪、干竹河、德胜、箐头、长涧 5 个村；此外，在回龙、弩弓两个村养殖了肉驴，还以合作社的方式养殖中华蜂。养殖为普米族同胞的脱贫致富起了很大的作用。

根据气候实施种植业。啦井镇长涧村在实施三峡集团帮扶项目过程中，利用其生物资源优势发展金银花种植产业，建成 1200 余亩的中药材金银花种植产业项目基地，在建设产业基地过程中，积极引进外来企业参与产品加工和销售，形成“公司 + 基地 + 农户”的产业格局，目前该村农户仅销售现摘金银花收入就已达到 200 余万元。种植的药材主要有秦艽、当归、桔梗、云木香、天麻、龙胆草等，在大羊、玉狮、联合、箐花、回龙、仁甸河、德胜、河边、箐头、水俸、龙潭、桃树、长涧等村委会都有种植，惠及 1142 户，3392 人受益。香料种植有山胡椒、花椒，主要分布在玉狮、大竹箐、回龙、庄河、河边、长涧几个村委会，种植面积有 4391 亩。经济林木的种植各村都有，主要是核桃、漆树等。除此之外，开展了魔芋蔬菜等规模化种植，使农村的农业逐步走向合作化、产业化。同时，大力发展当地特色优势农业，如红蔓菁、乌骨羊、绒毛鸡等，其在市场上具有唯一性和无他性的特点。紧紧抓住这个特色优势，不断壮大自己的特色产业，有力地促进了普米族地方的经济发展。

金顶镇的普米族主要集中在干竹河、高坪两个行政村。干竹河村在实施三峡集团帮扶普米族聚居村精准脱贫攻坚项目过程中探索了“集中养殖，借母还儿，滚动发展”的产业发展新模式，将能繁母畜和种畜集中在养殖专业户手中进行养殖，待产仔后对养殖专业户进行一定奖励（养殖专业户可以留下 30% 的仔畜），并让其他贫困户轮流参与分红的模式。高坪村积极与兰坪县境内的小利坪养殖专业合作社加强联系，通过企业帮扶、贫困户“托管代养”的方式，有 144 户建档立卡贫困户参加了小利坪养殖专业合作社的生猪养殖产业发展项目，项目可持续发挥 8 年以上的长期效益。干竹河村在脱贫的措施上大胆探索，大力推广油用牡丹产业，通过“土地出租 + 劳务倒包 + 利益分红”的发展模式，动员建档立卡贫困户及其他农户通过土地入股及专项扶贫资金入股的方式，由产业发展龙头企业市场化运营，打造新型产业合作体，以达到产业发展、农民增收的目的，截至 2018 年 10 月，干竹河村共完成油用牡丹种植 1534.35 亩，受益农户 240 户 1116 人，其中建档立卡户 110 户 526 人。

为加强项目示范带动效应，兰坪县积极加强三峡集团帮扶人口较少民族脱贫攻坚推广宣传工作，先后创建了金顶镇高坪村、干竹河村，啦井镇桃树村，通甸镇德胜村、八十一村等 5 个三峡集团帮扶项目示范村，在项目村醒目位置和安居工程受益农户房屋上都安装三峡集团帮扶项目标识，项目实施得到了项目区群众和上级的高度认可，项目示范效应和社会效益明显。目前，普米族绝大部分村寨告别了“脏乱差”的状况，一个个村道干净卫生、道路明亮、村容村貌整洁的新农村已经逐步形成，提升了普米族地区精神面貌，群众安居乐业的态势基本构成。

二、普米村寨的变化

金顶镇的高坪、干竹河村委会是金顶镇普米族聚居的两个村委会，从 2015 年开始实施农村危房改造、抗震安居工程、三峡集团帮扶安居房建设、美丽民居提升改造工程、地质灾害避让搬迁等 5 项安居房建设工程。目前，安居工程已全覆盖。高坪村委会位于兰坪县城东北部，全村共 14 个村民小组 632 户 2470 人，普米族人口 997 人。截至 2019 年底，完善 14 个小组党群活动室、道路硬化 17643 平方米、太阳能路灯 196 盏、标准化卫生室 2 所、民族寨门三座、活动室配套设施等，惠及全村 14 个小组 632 户。安居工程实施危房改造 44 户、三峡安居工程 579 户，惠及全村 579 户（其中建档立卡户 191 户）。乡风文明建设资金投入 113 万，用于普米族文化传承和州乡风文明示范点创建，惠及全村 632 户农户，使高坪村的普米族居民生产生活条件得到了很大的改善，一个新兴的、充满活力的普米族山寨已经建成。高坪村委会鸡头刺小组村民尹吉妹高兴地说：“现在国家政策好了，三峡集团帮扶后，

高坪村油牡丹基地

修建了新房子，住得舒适，我家承担起三峡集团帮扶黑山羊养殖项目 4 家建档立卡贫困户的养羊任务，自己脱贫致富的同时帮助没有养殖能力的一起脱贫致富。”

啦井镇的挂登、长涧、桃树三个村是普米族居住的村委会。挂登和桃树村委会在一个山坳里的两头，自然环境、村情基本上一样。两个村都以脱贫攻坚为方向，将改善生产生活条件摆在最重要位置，认真组织实施基础设施建设工程。对全村农村危房进行了全面改造，达到 C、D 级危房“清零”。改善了村农村基础设施和民生工程，实施村道路硬化。认真落实易地搬迁进城安置工作。这些项目的实施，有效改善了群众的生产生活条件，提高了贫困群众的生活质量。长涧村里的普米族主要聚居在桃树坪小组，这是一个相对独立的村民小组，在安排项目时优先安排普米族居住地的道路硬化、安居工程等以脱贫攻坚为方向，将改善生产生活条件摆在最重要位置。改善了长涧农村基础设施和民生工程，共投入 134 万元，用于普米族山村桃树坪等四个小组的村道路硬化和墙体彩绘工程，在桃树坪小组新建了 119 平方米的学前教育活动室。这些项目的实施，有效改善了长涧村普米族群众的生产生活条件，提高了贫困群众的生活质量。

通甸镇是普米族居住村寨最多的乡镇，龙潭、水俸、箐头、弩弓、德胜、河边、下甸等行政村都有普米族，是普米族整族脱贫的重点。河边村位于通甸镇北部，与河西乡接壤，辖 12 个村民小组，共有 247 户 933 人，有普米族、白族、汉族、傈僳族等 4

个民族，其中普米族有 557 人，占总人口 59.69%。针对困扰南松园自然村世世辈辈的饮水安全问题，重新在德胜村委会山后村民小组找到合适的水源点后，到德胜村委会山后村民小组农户家中进行逐户协调，解决了群众的饮水问题，提高了党在群众中的威信。在实施改厕改厩项目过程中，村党支部班子仅用一天时间就迅速做通群众思想工作，使全村 95% 以上的农户都享受到政策的扶持。结合实际开展感恩教育，村党支部、驻村工作队通过认真开展“三讲三评”“感恩教育”，组织集体向中国电信怒江分公司牺牲在脱贫攻坚路上的人员默哀，组织易地搬迁户举行升国旗仪式，激发群众自我发展的内生动力，进一步树立了“听党话、跟党走、感党恩”的感恩之心。积极调整产业结构，大力发展中药材种植。因地制宜开展桔梗抗旱药材。在 2019 年种植 365 亩的基础上，2020 年全村共引导发展桔梗 500 亩，亩产在 400 千克左右（干品），户均收入 8000 元以上。杨桂兰一家，种植了 10.4 亩桔梗，她蛮有自信地说：按平均价格算，明年她家光桔梗收入就能达到 10 万元。结合行业优势，助推脱贫攻坚工作。中国人寿财险怒江州中心支公司发挥职业优势，2018 年、2019 年为建档立卡户免费提供了羊子、玉米、马铃薯、小麦、猪等投保，并为建档立卡 57 户 218 人免费投保人身意外伤害保险。建立人居环境提升长效机制，在河边下组创建环境卫生提升示范点的基础上，在全村全面推广环境卫生提升评比工作，采用 12 个小组每月一评的方式，每个小组评出一户当月示范户，奖励 100 元代金券到指定的爱心超

普米族山村墙画

市兑换生活用品，并授予流动红旗，用激励机制促进人居环境有效提升。通过扶贫攻坚锻炼、培养了一批干部，2019 年 4 月 16 日，村委会副主任和金明同志荣获兰坪县“脱贫能手”称号，2019 年 10月17日，村党支部书记和正兴荣获兰坪县“扶贫好村官”称号；2020 年 1 月 16 日，驻村扶贫工作队队长和雪根同志被中国人寿财险集团公司表彰为全国脱贫攻坚先进个人。

通甸镇下甸村委会箭干场组是普米族聚居村落，有 38 户 178

人，有200多年的历史，虽然不是三峡帮扶的村寨，但是基本上都享受了国家对贫困地区的所有政策开展的项目。这个普米族小组非常团结，具有非常吃苦耐劳的精神，不等不靠，是最先脱贫出列的小组。村小组有个叫和顺生的小伙子，是下甸村委会的副主任，2013年7月22日在他家乡箐干场创办了“兰坪县花红树养殖农民专业合作社”。他依托丰富的森林资源和优质的生态环境，主要养殖原生态土鸡，种植有机药材、高山杂粮。全面实现合作社土鸡养殖产业健康、持续、稳步发展，最终实现农业增效、农民增收，有效带动建档立卡贫困户脱贫致富。以脱贫攻坚产业建设为目的，以发展原生态土鸡为主要内容，以集中优势力量、整合绿色资源为手段，按照生态有机、突出特色、科技引领的要求，发展原生态土鸡的高效立体及有机养殖，最终以打造“箭干场土鸡”品牌为目标。同时，开发深加工产品，延长产业链条，推广“公司 + 合作社 + 农户”的运行模式，将土鸡销售到上海、珠海、江苏等城市，2019 年度销售量 3120 只，收入 60 多万元，带动贫困户 24 户。2020 年种植有机当归 130 亩，用工 43 人，其中建档立卡贫困户 24 人，有效推进了种养殖产业健康持续发展。和顺生说：“我的合作社办在普米族山寨，但是只要你有的土特产、中药材，不管你是什么民族，你有产品我就全收。我会和各民族的同胞一起发展，一起致富。”

弩弓村是通甸镇“边三村”之一，有 11 个村民小组，478 户 1885 人，有普米族、白族、傈僳族等 6 个民族，主要以普米族为主，共有 1319 人，占总人口的 69.97%。面积 44.59 平方千米，林地 41352 亩，耕地 5141 亩，都属于旱地。大部分村寨的村民不适宜在山上生活，实行易地搬迁势在必行。通过努力，易地扶贫搬迁 294 户 1153 人，已经全部搬迁入住。完成弩弓至 104 公路硬化 15.5 千米及自然村公路硬化 14 千米，解决了弩弓村人民群众出行不便的问题。使弩弓村实现了脱贫的基本要求，于 2019 年实现脱贫出列。

河西乡大羊村、联合村、箐花村、三界村、玉狮村是普米族聚居的村寨，是普米族特色尤为凸显的地方，基础设施建设结合当地的情况，实现了全面的提升和改善。三界村委会有 11 个村民小组，310 户 1248 人。主体民族为普米族、傈僳族、彝族。全村有 20 户 78 人已经全部搬迁入住安置点，2019 年 8 月底前完成了拆除旧房的工作。新增 46 户 211 人，其中 1 户 4 人搬迁至六库、45 户 207 人搬迁至兰坪县城集中安置点，全村基本实现了有安全住房的目标。村委会精准施策，发展集体产业。投资 24 万元，作为 131 户建档立卡贫困户股本金，入股兰坪蛮记喜马拉雅野蜂合作社，合作社充分发掘地方独有的自然资源，向市场提供纯正优质的天然蜂蜜，还带动了一批贫困户发展蜜蜂养殖，拓宽增收渠道。目前该项目已产生收益，2017 年向每户入股建档立卡贫困户分红 225 元，2018 年向每户入股建档立卡贫困户分红 230 元，2019 年向每户入股建档立卡贫困户分红 260 元，连续三年向所有建档立卡贫困户共分红 91190 元。

玉狮村委会普米族主要集中居住在清水江村。实施脱贫攻坚以来，玉狮村加强基础设施建设，完成通行政村公路 30 千米和村级公路的硬化，入户道路基本全覆盖危险路段进行了防护，各小组路灯全覆盖，建了 7 个公共厕所，建设了以戏台为中心的活动场所，4 个党小组中心，1 个标准化卫生室，进行了饮水工程的提升，保障了饮水安全。玉狮村危房改造 24 户，四类 10 户，非四类 14 户。改畜圈 160 户，其中，建档立卡户 30 户。实现了全村安居全覆盖，为村民出行方便、居住安全、活动舒心创造了的良好环境。积极发展生产，引进乌骨鸡，种植秦艽、板蓝根、附子、桔梗等中药材，带动群众520户/次，实现项目全覆盖。积极组织外出务工，务工人员达548人（省外102人，州外省内119人，县内327人），占村劳动力的60%以上，外出打工提高了经济收入，使玉狮村按时脱贫出列。

石登乡有大竹箐、回龙、庄河和仁甸河四个村委会是普米族聚居的地方，分布在澜沧江峡谷一带。各村切实完善村里的基础设施和公共服务项目建设。已全面完成农村住房安全改造工程，学校、卫生室、党群活动室已全面完工，道路硬化、通组公路已全覆盖，村间卫生道路提升工程已全面启动，村庄道路、户外道路、大水沟的综合治理已全面完工，村委会各个小组全面完成自来水入户项目和人居环境提升工程。美丽乡村建设等项目进一步改善了农村基础设施，村容村貌得到翻天覆地的变化。通过实施危房改造和易地搬迁项目，让石登乡的普米族群众都住进了安全而又舒适的房子里。

兰坪是个好地方，青山绿水好风光。
碧罗雪山入云霄，人民觉悟高。
驱散乌云天更蓝，劳动的歌声到处唱。
水沟修在岩壁上，层层梯田入云霄。
哎！小伙子身强力又壮，白云上面生产忙。

"江海同心·侨爱同行"，通甸红军小学举行爱心捐赠活动

兰坪是个好地方，森林水利资源好。

澜沧江水滚滚流，各族人民幸福长。

新建的电站放光芒，到处盖起新瓦房。

又种树来又种草，牛羊成群满山冈。

哎！大姑娘聪明又能干，白云上面把歌唱。

兰坪是个好地方，满山遍野是宝藏。

到处都有锌和铁，还有铜矿和盐巴。

高水大箐修公路，乡乡村村盖工厂。

只要大家决心大，前途发展无限量。

哎！工农业生产一起上，双双跨上千里马。

这是50年代末禾雨先生写的一首歌，歌颂的是中国共产党的英明领导，歌词也非常切合当今的时代，一首歌一直传唱到现在，激励着各族人民脱贫致富奔小康的斗志。

三、挪穷窝　住广厦

兰坪是国家明确的“三区三州”深度贫困地区之一，是国家扶贫开发工作重点县，也是全省深度贫困集中连片贫困地区。2018年底，全县还有88个贫困村、55316名贫困人口尚未脱贫，贫困发生率达30.84%。总书记给怒江的两次回信振奋了各民族的精神，党中央做出易地扶贫搬迁决定，更激发了各民族脱贫致富的决心和信心。

打好易地扶贫这场“上甘岭”战役，决定着兰坪县脱贫攻坚的成败。兰坪县成立以县委书记、县长为双组长，县委副书记为常务副组长，相关处级领导为副组长的易地扶贫搬迁协调领导小

组，形成了高效有力的指挥体系。“双点长”制得到有效落实，5个安置点“点长”由县处级领导和云南建投项目部负责人同时担任，既分工明确又相互配合，实施一线决策、一线指挥、一线落实的工作机制。为加快项目建设进程，县委、县政府多次召开县委常委会议、领导小组会议、县政府常务会议和现场办公会，对全县易地扶贫搬迁工作进行专题研究和部署，及时解决项目建设中存在的热点难点问题。定期深入施工一线，与参建各方形成齐抓共管、一线落实的工作机制。

住广厦是人民群众的梦想，为了使人民群众安心住进广厦，兰坪县建立县协调办、成员单位、县城北区临时党工委、五方责任主体的联动处置机制。作为国家级贫困县区的兰坪县，2020年将脱贫出列，有4万多建档立卡贫困人口将从丧失生存条件的大山深处搬出来，进城、入镇、上高楼。兰坪县痛下决心，把最好的地方找出来，在全县境内最适应居住的地方让出土地建设贫困

兰坪县易地扶贫搬迁县城集中安置点

群众的幸福厦。仿佛是一夜间这土地上热闹繁忙起来，机械往来，民工忙碌，挥汗如雨，日夜奋战。县城、金顶镇、营盘镇、兔峨乡、河西乡、通甸镇易门箐等地安置点建设同步推进，钻探、地勘、土建、装修相继实施。项目开工以来，通过召开协调会、现场会，及时协调解决了征地拆迁、规划设计、中介服务、资金筹集、工程施工、质量安全等方面出现的困难和问题。通过公开招投标，引入实力强大的大型国有建筑企业云南建投集团，采取 EPC 总承包、“交钥匙工程”模式，高质量推动项目建设。项目业主与施工单位的工地例会、形势分析会已成常态，形成了源头、过程、监管全方位保障落实体系。始终把安全零事故、质量零缺陷作为工程建设总要求，坚守工程质量和安全生产这条底线，克服地方材料供应紧张、雨季冬季施工困难、项目资金紧缺、地质条件复杂等重重困难，用实实在在的工作成效，确保搬迁群众住上“放心房”“安全房”。成立督导组，驻场跟踪督查，严督实导，对项目推进情况进行定期不定期督导提醒，对关键节点、关键任务进行一日一提醒，一督办一汇报，实时紧盯项目进度、施工安全、工程质量等重点重要环节，促使项目工程提速提效、保质创优。全县易地扶贫搬迁实现了安全零事故、质量零缺陷的工程建设目标。每一个环节都争分夺秒，丝丝入扣，一幢幢高楼如雨后春笋般拔地而起。而正是这一排排大厦的落成，让那些从大山深处搬迁下来的建档立卡贫困户，真正拥有了属于自己的温馨家园，从今往后开始崭新的生活。

永安社区

根据兰坪县易地扶贫搬迁工作推进协调领导小组办公室 2020 年 7 月 30 日提供的数字，在“十三五”期间，兰坪县易地扶贫搬迁规模 11818 户 44541 人（其中建档立卡 10524 户 39927 人、同步搬迁 1294 户 4614 人）。搬迁人口占全县乡村人口 17.44 万人的 26%，占全县建档立卡贫困人口 10.44 万人的 40%。安置方式以县城集中安置为主、中心集镇和跨县安置为辅，其中，集中安置点 25 个（含跨县安置点 2 个），共安置 11745 户 44313 人（其中建档立卡 10505 户 39858 人，同步搬迁 1240 户 4455 人）；分散安置点 10 个，共安置 73 户 228 人（其中建档立卡 19 户 69 人，同步搬迁 54 户 159 人）。实现了 141 个自然村组整组搬迁，城镇化安置率达 79%。建设用地面积 1302.18 亩，总建筑面积为 91.92 万平方米，共建设院房 1171 栋、楼房 204 栋，总投资 41 亿元，2019 年 11 月完成了全部安置房建设任务。

兰坪县紧盯搬迁对象搬得出、稳得住、能脱贫的目标，组建易地扶贫搬迁“背包”工作队集中攻坚。截至 2020 年 3 月，全县易地扶贫搬迁安置户分房率 100%，入住率 100%。

拔穷根，挪穷窝，住广厦，普米族群众和兰坪县各族群众即将过上的美好生活。

↑兰坪县城集中安置点石鼓甸片区

↓集中搬迁点

⬆交钥匙仪式

⬇2019 年 9 月 16 日分房抽签

⬆ 2020 年 7 月建设后的怒江州兰坪县北区易地扶贫搬迁集中安置点现状

⬇ 永祥社区

第三节　村寨的声音

脱贫攻坚战的第一战场是村寨，这里也是主战场，打赢乡村脱贫攻坚战就是取得了战役的胜利。兰坪22个普米族村寨的情况有共性，也有个性，采取的措施也有共性和个性。在脱贫攻坚战的战场里，涌现出了很多的动人故事和典型事例。

一、普米族特色村大羊村

大羊村位于河西乡东部的海拔2600多米的拉巴山区，是一个以普米族为主的行政村，是兰坪县境内普米族比例最高的普米族山寨。同时，是兰坪县境内普米族最早接受汉文化的地方。

大羊村头有两棵桂花树，两棵桂花树曾经被列为兰坪县的古树名录，它见证着大羊村的变迁。明末清初时期兰坪境内普米族聚居区称“西尼罗”“尼西西罗”，驻军及治所地就在大羊村头的桂花树旁。治军团首和世康、和德仕、和道溢三位都是大羊村人。顺化里是民国元年（1912 年）建立的兰坪州治六里之一，行政治所也在大羊大古梅桂花树旁，团首杨献廷。民国十年（1921 年）全县划为六个区，顺化里为第五区，团首大古梅人和文瘁代替杨献廷任乡长。民国二十九年（1940 年）成立兴仁副镇，隶属通甸，治所在大古梅，和文瘁任副镇长。民国三十二年（1943 年）为兴仁直隶保，直属县政府管辖。民国三十六年（1947 年）划归高山乡，为兴仁副乡。1949 年 5 月兰坪县解放，受中共兰坪县委的派遣，兴仁人（大古梅人）和霁云到兴仁六个村组建村级人民政府。1949 年 10 月成立兴仁区人民政府，和霁云被任命为区人民政府主席，区人民政府设立在大古梅村。1950 年下半年，撤销兴仁区的建制，划为第二区。1953 年土改后，将兴仁由第二区划为第五区，基本上是现在河西乡范围。大羊村是明末至新中国成立前后为兰坪县境内普米族聚居区的政治、文化教育中心。如今，也是普米族传统文化保留最完整的地方。

大羊村是普米族特色村落，全村下辖 3 个自然村 4 个村民小组，农业总人口 192 户 679 人。全村有普米族、白族、傈僳族、汉族等 4 个民族，主体民族为普米族，有 645 人，占总人口的 94.99%，是兰坪县普米族人口比例最高的村委会。全村粮食作物种植面积 2152.26 亩，耕地全部为旱地，退耕还林地 2148 亩。全村现有专业合作社（公司）7 个，其中种植合作社（公司）1 个、养殖合作社（公司）6 个。全村经济收入主要来源是种植业、养殖业、外出务工等。

根据大羊村的实际情况，充分利用国家的脱贫攻坚战略的实施，在脱贫攻坚战中紧紧抓住以下几个方面开展工作。

（1）根据发展生产脱贫一批、易地搬迁脱贫一批、发展教育脱贫一批、生态补偿脱贫一批、社会保障兜底一批的要求，结合村内实际，制定相应的措施。

（2）以“六个精准”要求推进项目：一是扶贫对象精准，二是项目安排精准，三是资金使用精准，四是措施到户精准，五是因村派人精准，六是脱贫成效精准。

（3）项目规划和实施有序推进。大羊村涉及的建设项目有易地扶贫搬迁、产业就业工程、生态扶贫工程、健康扶贫工程、教育扶贫工程、能力素质建设工程、农村危房改造工程、贫困村提升工程等 8 类。2017 年实施了 4 个项目，项目资金为 315 万元：一是大羊村大古梅省级示范村基础设施“两水一污”建设项目；二是大羊村 2017 年统筹整合涉农资金项目、村级集体经济建设项目，入股碧玉河电站每年分红收益 7 万元；三是大羊村统筹整合涉农资金村级卫生室建设，新建砖混结构标准化卫生室一间；四是大羊村统筹整合涉农资金新建唐山三组、阳山四组两个党小组活动室。

2018年度实施了村活动室农村戏台建设、黑毛乌骨鸡养殖、人口畜改圈、新建卫生公厕8个、房屋美化亮化工程，还整合使用财政涉农资金建设项目，用于全村水利设施改造提升、全村四个小组村内道路硬化。

抓党建促脱贫。全村设党支部，一个村下设四个党小组，党支部把脱贫攻坚工作列为党支部党员大会和支委会重要议程，作为头等大事来抓。

提升人居环境。2019年，以乡风文明示范村创建工作为突破口，大力在全村上下开展人居环境提升工作，通过组织村民参与村内清理环境卫生这件“小事”，让每一个村民都增加一份参与感，树立“村内事事都关己，村内事事都参与”的主人翁意识，从而激发村民参与村委会各项事业的积极性。

充分发挥青年的创新作用。和东阳曾经是兰坪县河西乡大羊村团总支书记，现任兰坪普米族研究委员会党支部书记。在普米族文化传承、共青团等许多领域扎实工作，为当地的脱贫攻坚战提供了精神动力，在平凡的工作中书写着青春的印记。

和东阳组织青年传承普米族传统文化，形成独特的基层团建模式。关心培养青少年是共青团工作的重要内容，他长期积极开展了希望工程助学活动，争取到韩国友人金先生支持资金30万元建立了“大羊村幼儿园”，并为20名贫困中学生和高中生争取到金先生的长期助学基金，到目前为止已经获得助学金近15万元。在大羊村提起和东阳，老百姓就会竖起大拇指，骄傲地说：“他是个非常不错的青年带头人，为大羊村办了不少实事好事。”

和东阳还积极参加社会活动，2012 年 11 月，他被中共怒江州委宣传部聘为“怒江州农民讲师团讲师”，组织宣讲十八大二中、三中和四中全会精神以及习近平总书记在云南考察时重要讲话精神和“高德荣在我们身边”等内容，至今已宣讲了大小 30 多场次，受教 2 万多人次。他用普米话，用身边人、身边事，通俗易懂地解读党的方针政策、时代变化，受到基层群众的欢迎。

2013 年 1 月由和东阳发起并注册登记成立“兰坪普米族研究委员会”，是怒江历史上第一个普米族文化研究机构。他以普米族学会为平台，多方筹集资金近 300 万元，拍摄了普米族首部电影《戎肯》，填补普米族没有电影的历史空白。2013 年 11 月他被普米族学会选为兰坪普米族学会专职研究人员，是县政协文史资料《第十一辑·戎肯专辑》主要编撰人之一。2013 年他被兰坪县人民政府任命为“县级非物质文化传承人”。和东阳被命名为县级传承人之后，更加勤奋工作，在 2014 年度开始积极参与并搜集整理《普米古歌集》和《普米族》画册两本书，《普米古歌集》在 2019 年 12 月由云南民族出版社出版发行。他同时积极向社会各界争取资金，改善大羊村的文化教育基础设施建设。2014 年他向相关部门积极争取资金近 90 万元，在河西乡大羊村建设了“普米族民俗博物馆”，这是普米族的第一所村级博物馆，对普米族文化的传承、展示、研究、发展发挥了重要作用。

一个普米族村寨的团总支，岗位很小，但和东阳在平凡的岗位上，几年来默默无闻地勤恳奉献，在贫穷落后大山深处的大羊村，以一颗爱国、爱家乡、爱民族的淳朴炽热之心，认真履行自己的职责，在平凡的岗位上做出了不平凡的事迹。他个人荣获“怒江州基层理论通俗化宣讲先进个人”“云南省优秀共青团员”等称号，他组织的集体先后获得“云南省基层团建示范点”“云南省五四红旗团支部”“全国五四红旗团支部”等称号。

二、我们过上了好日子

干竹河村位于兰坪县金顶镇最北端，平均海拔 2950 米，是兰坪县普米族居住海拔最高的村委会，属于金顶镇 6 个建档立卡贫困村之一，辖 10 个村民小组，总户数为 449 户，总人口 1784 人。境内居住有普米族、彝族、白族、傈僳族等少数民族。过去，干竹河村由于基础设施建设落后和产业发展滞后，增收渠道单一，群众的生活较为艰苦，居住条件简陋。住上好房子，过上好日子一直是村民的梦想。走进三峡集团帮扶的金顶镇干竹河村，只见干净的水泥路面，错落有致的太阳能灯；一栋栋碧瓦白墙的普米族特色安居房，依山傍水，掩映在青山绿水与普米族特色的墙体画中。整个村庄面貌焕然一新，呈现出蓬勃发展的喜人势头。干竹河村 2015 年以来共实施农村危房改造、地震安居工程、美丽城乡民居改造提升工程、三峡集团帮扶安居房、地质灾害紧急避让等 5 大安居工程，先后安排 488 户对民居进行改造提升排危，总投资 2012.68 万元。实现了全村农户住房帮扶全覆盖，无 C 、D 级住房的目标。基础设施建设不断加快，2015 年以来，总投资 1077 元，实施完成腊岔箐小组、白岩关小组、干竹小组、上干竹小组道路和小盐井小组道路硬化。实施完善腊岔箐、小盐井、上干竹、下干竹四个小组的道路硬化，新建下干竹、岔道、竹坪、栗树场、新山场五个党群众活动室。

普米族村民和明元家原来住在干竹河边，雨季河道涨水时，河水经常冲进院子和牲口圈，房子背后的山体时不时往下掉石头，成天担惊受怕。“以前下雨时，村里到处是稀泥巴，路不好走，还担心山上的石头和泥土滑下来把房子埋了。现在好了，乡亲们不仅住进了新房，路也修好了，雨天总算可以睡上安稳觉了。晚上串门子也不需要点火把、照电筒了。”和明元这样说。

和明元的新房子融合了普米族等民族元素，房间设计宽敞明亮。院子里还可以栽花种草，实现了“居住稳固、厨卫入户、人畜分离”。现在的干竹河村已旧貌换新颜，是远近闻名的美丽山寨。和胜保家紧邻新建“洋楼”的老宅子，据他介绍这幢普米族传统的木楞房已有一百多年的历史了，先后有四代人居住过，由于年代久远再加上年久失修已经破败不堪，无法满足全家人的居住需要。现在正赶上国家帮扶政策的大好形势，政府不但帮助村子脱贫致富还要支持家家户户盖新楼，这样的帮扶政策刚好是雪中送炭。

怒江州国土资源局挂钩干竹河村，通过因地制宜发展产业带动农户致富，是怒江州国土资源局挂钩帮扶干竹河村的又一举措，让干竹河村从穷山沟变为美丽山村。结合当地地理气候、土壤结构等发展适应本地的种植业。2018 年，挂钩单位为 256 户农户提供了优质芸豆籽种 1.2 万斤，种植面积为 276 亩，年底收入达 25.6 万元；为 112 户农户提供了优质脱毒马铃薯籽种 5.6 万斤，种植面积为 500 亩，年底收入 23.5 万元；建档立卡贫困户平均每户增收约 750 元。农户尝到特色产业的甜头后，2019 年全村芸豆种植面积 450 多亩、马铃薯种植面积达 1200 多亩，成为群众脱贫致富的又一路径。

上干竹河小组和灿平养了 50 多箱蜜蜂，2018 年出售野生蜂蜜收入 3 万多元。和灿平说，养蜂是一项不占耕地、不产生污染的家庭养殖业，具有投资少、见效快、效益高的特点，是一个适合山区脱贫致富的好产业。在产业发展扶持项目中，干竹河村的和秀军对多年来从事的养殖业充满了信心。据他介绍，镇里给全村每户都免费发放黑山羊，鼓励少数民族群众大力发展养殖业，增加家庭收入。

干竹河村森林覆盖面积大，有良好的自然资源和生态环境。目前，全村共养殖蜜蜂 1000 多箱，年收入 80 万元左右，成为发展致富的又一新路子。此外，还鼓励引导村民出售蜂蜜、土鸡蛋、鸡纵等土特产品，进一步拓宽增收渠道。

如今的干竹河村道路四通八达，房屋安全整洁明亮，产业稳步推进，幸福的生活让他们真切地感受到了党的温暖，村民说："我们住的地方海拔最高，离天最近，享受党的阳光也最多。"

三、大竹箐村的变化

二十六载风和雨，践行诺言奔东西。这是对大竹箐老书记胡

兴高的概括。他是石登乡担任村委会书记时间最长的一个，也是为大竹箐立下了汗马功劳的一个书记。从开始担任村团委书记、村长，到党支部书记，在不通公路的大竹箐，他拄着拐杖，奔走在大竹箐与上级各部门之间，争取项目，实施项目。他说过，一定让大竹箐人民摆脱贫困，让百姓过上幸福的生活。他为了这一句誓言，努力了二十六年，奔走了二十六年。

大竹箐村是石登乡普米族聚居的一个大村，因受自然条件制约，虽有丰富自然资源却不能转化为经济优势，在胡兴高上任支部书记之前，全村经济发展滞后，基础设施落后，教育基础薄弱，民众生产生活方式单一、贫困面大，仍然处在靠山吃山的境地。

为了能改变这一现实，让老百姓摆脱困境实现脱贫致富，全面建设小康社会的目标，胡书记在任上的这二十六年里紧紧把握机遇，围绕新时期党和国家的路线、方针和政策，结合大竹箐村的实际，坚持科学发展观，认真制定发展规划，明确发展目标，他说，大竹箐的发展必须同时走三条路的工作思路。

第一，要走加快农村基础设施建设步伐之路。

为加快大竹箐村基础设施建设的步伐，胡兴高同志对大竹村基础设施建设工作倾注了大量心血。1995 年以来，他多方奔走争取项目及资金扶持，先后为大竹箐村争取回 700 多万元项目资金。投入道路建设 220 万元，挖通了三山公路和大新公路（石大竹箐至啦井新建）、拉关公路（拉玛壳至腊日关）、完成了拉瓦公路（拉玛壳至瓦坪）路面加宽工程及石路铺设工程。投入农网改造 210 万元完成一期工程，实现大竹村 90% 以上的农户通电。投入人畜饮水工程 35 万元，建成三面支水砌 1800 米，解决了农村人畜饮水困难的问题。投入 85.8 万元完成陡大坡易地搬迁 26 户，瓦坪、阿木都肚、拉玛壳等茅草房改造及扶贫安居工程 260 户，大大改善了贫困人口的生产和生活条件。投入 11 万元加强了村委会阵地建设，建成了大竹箐村医疗卫生室。

第二，要走大力发展地方教育之路。

大竹箐村十多年来一直把教育摆在优先发展的位置，认真贯彻党的教育方针，落实“分级管理分级办学”的要求，多方筹集建校资金，发动群众投工投劳、献工献料掀起一轮又一轮的集资办学热潮，使全村学校办学条件逐年得到改善。在胡书记的努力争取下，拉玛壳完小得到了横断山脉慈善理事会的捐助，投入 189 万元新建了教学楼、教师宿舍楼和学生宿舍楼等一期工程。通过奔走，得到了州国土资源局的扶贫支持，投入 30 万元搬迁重建了瓦坪小学，村里先后拿出 15 万元，依靠人民群众排危修缮了陡大坡小学、来银色小学、大竹箐小学。拉玛壳完小被认定为兰坪县“文明学校”，全村适龄儿童入学率、在校学生巩固率与十年前比较分别上升了 13% 和 9%，文盲率下降至 3.16%，发展教育成了大竹箐村脱贫致富奔小康奠基工程。

第三，要走科技兴农兴村之路。

胡兴高同志是一个热心于扶贫攻坚的人，他说，科技才能让人真正实现脱贫。他一直以来都把扶贫攻坚工作放在大竹箐村“三农”工作的首位来抓。为了能早日实现脱贫致富奔小康的目标，他团结带领“两委”班子，努力找好、找准扶贫攻坚工作与农业农村工作的结合点，不断探索科学发展、合理规划、脱贫致富的路子，加大扶贫攻坚工作力度。“十五”期间大竹箐村积极争取到多期农林牧部门的扶贫开发项目，争取到扶贫开发项目资金近 300 万元。在注重“输血”式扶贫的同时，紧抓“造血”工作不放，积极响应上级实施“万亩干果”基地建设、药材基地建设等致富工程。建成了 3500 亩干果基地，对大竹箐群众生活水平的提高、居住质量的改善和产业结构的调整等产生了积极而深远的影响。

四、脱贫攻坚话德胜

德胜村位于世界自然遗产“三江并流”八大核心区之一的老君山片区西部，是大滇西旅游环线老君山示范环线上的重要节点。全村共辖 7 个自然村 9 个村民小组，总人口 361 户 1461 人，面积 63.2 平方千米，德胜村村情可以概括为“民族聚居、山多地少、资源丰富、风景优美、成效显著”20 个字。

德胜村境内有普米族、白族、汉族等5个民族，是全县普米族的最大聚居区之一，普米族共有1102人，占全村人口的75.4%。

全村山地面积占全村总面积的93%，全村大部分小组都是居住在2500米以上的高寒山区，年平均气温12℃，全村最高海拔3200米，最低海拔2400米，耕地面积9803.49亩，年平均降雨960毫米。

村辖范围内有丰富的动植物资源，境内有滇金丝猴、黑熊、小熊猫、金钱豹、红豆杉、榧木、冷杉、云杉等近百种国家保护的动植物。有当归、秦艽、云木香等中药材。全村林地8.9万亩，森林覆盖率达82%，2019年被评为“国家森林乡村”。

德胜村有丰富的自然风光和浓厚的普米族文化，德胜村是普米族迁入兰坪的第一个定居点，拥有老君山景区的核心景区之一的兰坪罗古箐省级自然风景保护区，景区内有典型的丹霞地貌、茂密的原始森林和古朴的民族风情。另外，德胜村还是进入兰坪箐花甸国家湿地公园的“南大门”，相距26千米，旅游资源十分丰富。

德胜村脱贫成效显著，德胜村贫困面大、贫困程度深，全村有建档立卡贫困户165户621人，占全村总人口的42.5%。通过这几年的努力，截至2019年底，全村累计实现159户607人脱贫，贫困发生率下降了41.55%。经动态监测，到2019年底未脱贫的6户14人已达到脱贫标准，贫困发生率下降到零，脱贫攻坚取得决定性成效。脱贫攻坚以来，村里在基础设施、公共服务、人居环境、人民群众经济增收与生活条件改善等方面取得了长足的进步。尤其是在解决“两不愁三保障”突出问题上的成效更为明显，始终把贫困户脱贫与贫困村出列标准作为工作的底线。德胜村的单位挂帮和村干部扎实遍访，掌握民情，打牢德胜村脱贫攻坚精准基础；完善基础，提升硬件，确保德胜村群众充分享受党的政策实惠；发展产业，增加收入，实现德胜村“造血式”发展转变；坚持以“党建带扶贫、扶贫促党建”的思路，把基层党建与脱贫攻坚工作深度融合，在脱贫攻坚中检验党组织凝聚力和党员干部作风，在脱贫攻坚中同步加强基层党组织建设，实现了强组织、兴产业、富百姓的良性发展。

五、水俸村的脱贫

杨增才是兰坪县志办公室的一名资深编辑，是兰坪县的史志专家。随着扶贫攻坚战的打响，他被分配到水俸村抓脱贫攻坚工作，任命为第一书记。2020 年 7 月 10 日，我来到水俸村后，他跟我们谈起了水俸村。他挂钩 3 年了，对村里的情况如数家珍。他说：“水俸村有 27.3 平方千米，范围大，地域广，群众居住分散。全村有 260 户 1013 人，主要以白族、普米族的人口居多。应该说，水俸是兰坪县公路第一个穿过的行政村，曾经是连接大理的唯一交通要道，在兰坪对外交流交往中起到重要作用。但是，随着剑兰线的改迁，水傣被边缘化了。通村、通组公路里程非常低，甚至有些组直接没有公路。来到水傣村担任第一书记，最难的是通知群众开大会，因为路途遥远，好多村社不通公路。”在谈到这几年的脱贫攻坚成效时，他接着说：“通过几年的扶贫，特别是三峡集团帮扶以来，水傣村发生了翻天覆地的变化。首先是交通建设，几乎村村寨寨都通了公路，绝大部分的村组公路已经硬化。按标准建设阵地，特别是针对水傣村的实际情况，建设了两个卫生室，党小组活动室还在盖几场、北松园各建了一个。卫生室方便了群众就近看病，实现了‘小病不出村’。党小组活动室方便了周围的党员，为党小组开展活动提供了便利。归纳起来，水傣村有两大变化：一个是群众的内生动力迸发了出来。在水傣村，养殖业和种植业都有了飞速的发展。杨春平是介几卓小组的普米族小伙子，创建了兰坪来玉生猪养殖场，还用养殖场的肥料来发展中药材重楼的种植，形成一个产业链，多种经营，带头致富，在村里起到了引领脱贫致富的作用。群众是有积极向上的心态的，都想过上好日子，但是没有见到实实在在的好处、利益，他们不会动。县志办公室组织了村里的干部及群众代表到丽江等地进行考察，罗陆方是群众代表里的一位，考察回来以后，他就开始发展养殖业，规范养殖，规模不断壮大。杨家贤家也开始发展起畜牧业。北松园的杨贵宝也是普米族小伙子，创办了兰坪瑞康种植基地，这是一个脱贫的项目，他标准化地建起了六七十亩的中药材木香，打造了一个木香基地。其他群众在看到了带头示范成效显著以后，纷纷在自己的土地上种起了重楼、秦艽、芸豆、大蒜等，家庭经济得到了发展。第二个变化就是外出打工。水俸村由于都是坡地，在土地上受益不大。在通甸有句话说‘水俸无水，龙潭无潭’，说的就是水俸自然条件的恶劣。所以出去打工的人比较多。水俸村有70%的劳动力都外出务工，每年的务工收入在500万元以上，成了水俸村的经济支柱。”

水俸村委会地处通甸镇西南面，俯瞰着曾经的兰州坝，见证着历史的变迁。村委会距镇人民政府驻地10千米，面积27.3平方千米。全村平均海拔在2810米。全村有林地面积25641.8亩，森林覆盖率达到85%，有耕地5320亩，但坡地占95%以上，人均耕地4.9亩。村委会下辖6个自然村10个村民小组，2019年全村有261户1020人，其中普米族约占总人口的92%。

2014年底国办系统中水俸村共有建档立卡103户374人，贫困发生率为36.66%。2014年底脱贫22户88人，2015年底脱贫18户73人，2016年底脱贫3户13人，2017年底脱贫15户63人，2018年底脱贫34户139人，2019年底脱贫39户145人。截至2019年底未脱贫1户2人，贫困发生率为0.2%。

通过几年的努力，水俸脱贫攻坚迈出了扎实的一步，村委班子、农村致富带头人和驻村工作队创业精神不断提振，苦干实干亲自干的作风已形成，各族群众改变贫穷面貌的愿望越来越强烈，全村上下话脱贫、谋脱贫、攻脱贫氛围更加浓厚，形成了齐心协力打赢深度贫困脱贫攻坚战的良好态势和强大合力。在推进脱贫攻坚工作过程中，我村不断探索创新，形成了一些独具水俸特色的典型经验。

一是外出务工促增收，转移就业促脱贫。二是生态扶贫两手抓，精准发力促双赢。三是拓展群众视野，助推产业发展。四是搭建发展平台，建设示范基地。五是实行“四议两公开”，壮大村集体经济。

六、脱贫攻坚路上的龙潭村

龙潭村委会地处通甸镇西北面，距镇政府所在地 21 千米，面积 53.01 平方千米，平均海拔 2820 米。全村年平均气温 9.2℃，年均降水量 865 毫米，霜期 290 天，林地面积 49402 亩，森林覆盖率 62.13%。下辖 11 个村民小组，共 356 户 1489 人，普米族人口 1087 人，占全村人口的 73%。

龙潭村是普米族文化特色村，这里有非常丰富的普米族文化，在普米族文化传承弘扬中，老中青三代人都付出了艰辛的努力，在著名词作家陈哲老师的指导下，成立了兰坪县第一个普米族文化展示基地，每年的端午节在传承基地都举行活动，在一定范围内影响深远。

全村总耕地面积 17720.5 亩，人均耕地 11.9 亩。全村经济收入以种植养殖为主，主要种植洋芋、苦荞、燕麦等，经济作物种植当归、芸豆、大蒜等，主要养殖山绵羊、牛、猪等，特色养殖有乌骨羊、牦牛。

龙潭村 2013 年全村农业常住人口 1462 人，其中建档立卡贫困户有 191 户 691 人，贫困发生率 47.26%。

脱贫攻坚工作中，龙潭村主要围绕“扶持谁、谁来扶、怎么扶、如何退”四个问题，对标“两不愁三保障”识别标准来开展。在县残联、县国土局挂帮单位的重视和支持下，始终把精准贯穿于龙潭村脱贫攻坚全过程，坚持精准识别、精准帮扶、精准退出。因户施策，因人施策，真帮实带，让贫困户得实惠，致富上有志气，脱贫上有底气。

首先是明确标准，实现精准识别。其次是因人因户施策，确保精准扶持。再次是严格执行退出指标，保证贫困户退出的真实性、有效性和稳定性。

通过几年的脱贫攻坚工作，龙潭村在基础设施、公共服务、人居环境、人民群众经济增收与生活条件改善等方面取得了长足的进步。尤其是在解决“两不愁三保障”突出问题上的成效更为明显，始终把贫困户脱贫与贫困村出列标准作为工作的底线。

七、联合村里的羊头琴——奏响的旋律

兰坪县有一把琴弹得很有韵味，这把琴就是河西乡联合村杨

文锦制作的普米族羊头四弦琴。

联合村的民族文化有普米族民族民间文化和傈僳族歌舞。但是主要体现在普米族的歌舞上，这里的普米族“搓蹉”是大家茶余饭后或者是民间集会的主角。不管是普米族，还是傈僳族，或者是藏族、汉族，都有人会弹普米族的四弦琴，会跳普米族的“搓蹉”。只要四弦琴一响，那舞动的脚步就开始让大地震动。

杨文锦既是联合村的总支书记，又是云南省非物质文化遗产保护项目普米族传统音乐《四弦舞乐》代表性传承人。他一方面带领大家攻克脱贫攻坚战役，在处理好村里所有事务的同时，不忘自己那一技之长；从文化做事、从文化着手，带领联合村民们弘扬自己民族的文化，从文化唤醒民族的自豪感，用民族文化来振奋民族精神。杨文锦是普米族羊头四弦琴的制造者，也是弹奏者、表演者。他较全面地掌握普米族四弦舞乐十二套曲目的弹奏，变奏熟练自如，对弦法、调式、音准有特殊的悟性，他可以用四弦琴弹奏各种乐曲，模仿各民族的民间乐器和乐曲，演奏出神入化。十几年来，他先后应邀到上海、香港、澳门等沿海城市演出。2008 年 10 月，在中央电视台《民歌中国》，和普米族同胞一同展示了普米族非物质文化遗产保护项目《四弦舞乐》及“搓蹉”。2014 年，北京舞蹈学院邀请他和另外一个普米族同胞——省级非物质文化传承人李海术去教授国家级非物质文化遗产保护项目“搓蹉”。

普米族羊头四弦琴在兰坪很受欢迎，不仅仅是普米族喜欢，其他民族也非常钟爱。杨文锦自己每做出一把琴还没被焐热就被

联合村委会

亲朋好友抢去，后来他便萌发了创建制作四弦琴作坊的想法，他克服重重困难，筹资购买机器，进行了批量生产。他对每把羊头琴都倾注情感和心血，力求精益求精。先后招收学徒 5 批 30 人次，如今他们基本都掌握制作工艺。他不仅免费收学徒，还无偿提供他们食宿。有的徒弟就一直留在作坊工作，后来每年能制作白族、普米族、傈僳族等乐器二三百件，除了当地群众购买外，部分乐器销往昆明、北京、上海，以及亚、欧、美洲部分地区。被北京美术学院、北京舞蹈学院、云南大学、贵阳大学等博物馆收藏。

杨文锦为了传承好民族文化这血脉，守护好民族精神家园，更好地弘扬普米族传统文化，2016 年，成立了兰坪县华科民族工艺有限公司。公司以制作民族民间工艺品、民族服装设计、民族手工艺文化传播为主，还兼营家庭经济开发，农特产品加工、销售，经济林果、药材种植及销售，家畜家禽养殖及销售，演艺活动策划及经纪等。

杨文锦经常动员各民族的男女青年，学习弹奏羊头琴。他的徒弟不管是什么民族，只要喜好四弦舞乐他都接纳，有普米族、傈僳族、彝族，也有白族、汉族等。徒弟们学会后，又鼓励他们当起师傅，去教其他村寨的人弹奏。徒弟教徒弟，他还给徒弟发课时费，徒弟教的徒弟学会后他就奖励一把琴给徒孙。学琴、弹琴通宵达旦，良性循环，歌舞普及到了村村寨寨。在联合村乃至兰坪县周围的很多地方，都有杨文锦的学生。他特别关注残疾人等弱势群体，对搬迁富余劳动力进行职能技能培训，吸纳到他公司里提高他们的收入。

2013 年，杨文锦荣获“第五届云南省百名拔尖农村乡土人才”奖；2015 年，获怒江“州民族团结进步先进个人”奖；2018 年，荣获“云南省民族民间工艺品企业”奖。

↑羊头四弦琴

↓熊建华的养牛产业

第四节　日子好如歌

一、普米族寨子的农家乐

和国城是德胜村委会罗古箐人，是地地道道的普米族，如今已经是接近耄耋之年的人了，在 20 世纪 90 年代后期到 21 世纪的初期，他担任过德胜村的村主任、书记等职务。和国城说，他曾经是一个放牧的人，大半辈子都在放牧。普米族居住的地方基本上是高寒山区，过去一直都挣扎在贫困生活的边缘，靠天吃饭，靠艰辛的劳动维持生计。为了让自己的村子能早日脱贫致富，他想尽了办法，只要是对村民有利的、对村寨发展有前景的就认真实施。认识和国城是在 1996 年，那年罗古箐被省人民政府列入省级风景名胜区，我陪同省电视台的记者进入罗古箐采访，他带着我们一行五人走进了罗古箐，对罗古箐的各个景点如数家珍，我们露宿在景区的山谷里，他为我们讲述普米族的过去，谈论普米族的现在，展望着以后的日子。他说："普米族崇尚自然，敬畏自然，对自然的保护有自己的独特方式，周围的森林植被自然就非常好了。现在我的家乡已经是省级旅游景区了，以后进来罗古箐玩的人多了，我一定要带好头，把家乡的事情办好。"

我们第一次到罗古箐，那时村里的房子大部分还是木楞房，屋顶是房头板。和国诚通过奋斗，在罗古箐建起了自己的家园，既保留了普米族的传统民居木楞房的特色，又融合了汉族、白族等民族的民居特色，将土墙瓦房的正屋与木楞结构的侧房搭配在一起。用他的话来说，"是一个体现民族团结的建筑"。如今，和国城将院落左右两侧楼房做了改造，办起了农家乐，将自己家的农家乐取名为"木林森农家乐"，体现了以自然为核心的理念。他是第一个在罗古箐开办了农家乐的人，他热爱自然，热爱生活，了解普米族的历史文化，对罗古箐景区了然于心，自然而然，他成了第一个在罗古箐景区为游客当向导的人。

罗古箐是一个普米族村子。作为曾是游牧民族的普米族迁入兰坪的第一个定居点，罗古箐村保留着普米族较为完整的习俗和历史文化。

罗古箐村后是被古树环抱的山川槽谷，溪流淙淙，松林涛涛，松萝飘飘，丹霞巍峨。每年农历五月端午节，附近的各族青年男女便来到这里对歌跳舞、谈情说爱，人们便将这里叫作"情人坝”。两棵高入云霄的千年冷杉，浓荫盖地，却又盘根错节，相互依偎，因此被称作“情人树”。情人坝的情人树不止这一对，不同树种两两相依，枝缠叶绕，奇特的自然景观为“情人坝”做了最好的注解。2004 年 5 月 20 日，在这里举办了大型的“东方情人节——普米族万人情歌盛会”，此后每年都如期举办，不少青年男女在“情人树”下约定终生。情人坝、箐花甸、老君山等秀美的自然风光吸引了越来越多的当地群众和外地游客来到罗古箐领略丹霞地貌和民族风情。游客的到来，促进了当地旅游业的发展，在各级政府部门的帮扶下，村里的各项基础设施得到了改善，许多优惠政策也向他们倾斜，继和国成的农家乐后，村里的其他普米族人家也纷纷开起了农家乐。

距离和国诚家不远，和国林也靠开设农家乐过上了富裕日子。在旅游旺季，他家最多一天要接待两百多人，年接待将近四千多人，平均年收入能有十万元。

和国鹏是罗古箐村人，一个酷爱普米族文化的普米族青年，活跃在普米族文化里，在国家大力发展旅游的时刻，有很多游客到罗古箐来玩，但是发现食宿的条件并不好，他就萌发了在这个地方搞一个农家乐的念头,2014年他就开始开办农家乐。他说:“我现在一年的经营收入四五万元。罗古箐人最多的时候就是五月端午普米族情人节这段时间，那个时候接待都接待不赢，一天上百人的规模。下一步我的农家乐要继续再扩建，相信在政府的支持和我们自己的努力下，罗古箐旅游业会有一个很好的明天。”在闲

罗古箐村寨

暇之余和国鹏还当起向导，让客人在自家开办的农家乐里吃上一桌自家种的蔬菜、养的猪和鸡，住上三五天，享受与大自然亲密接触的惬意，感受普米族人家的风土人情。

旅游、农家乐给罗古箐村的普米族群众带来了收益，但并不是唯一的收入来源，牛羊养殖、种植天麻、林下产品、中草药、外出务工等让当地普米族群众的生活大变样。同时，经过多年的努力，德胜村的基础设施、公共服务、人居环境、人民群众经济增收与生活条件改善等方面取得了长足的进步。

目前，全村有农家乐十几家。在和国诚、和国林、和国鹏这些旅游大户的带动下，罗古箐村的猪、鸡等家畜和农家小菜不用出村就能就地销售，仅此一项带动全村收入就一百多万元。

二、普米族汉子熊志坚的幸福生活

张青龙、卢飞两位采访了来中交二航局的云南华丽高速公路项目工作的普米族汉子熊志坚。他们在采访里这样描述了熊志坚外出务工的经历：

熊志坚在中交云南华丽高速公路项目工作满一周年了，时光回转到一年前，他还在为自己的生计发愁。熊志坚怎么也没有想到，从杂工到技工，现在的他已经能够胜任新的岗位。

2020年4月10日，在中交二航局参建的金安金沙江大桥施工现场，1号搅拌机正在高速运转着，轰鸣声中，对讲机里传来现场技术员的声音：“老熊，老熊……这一罐是浇筑桥面的混凝土。”

“收到，收到！”循着声音前去，笔者看到一个皮肤黝黑，身体消瘦的汉子正在仔细地核对浇筑令，确认混凝土方量，并熟练地往搅拌机里添加相应的纤维。

2019年，中交二航局承建的华丽高速公路项目部接到国家精准扶贫的任务，熊志坚就是受惠人之一。

拥有初中学历的熊志坚，来自怒江州兰坪白族普米族自治县啦井镇挂登村的一个贫困家庭。一家共五口人，母亲今年68岁，由于体弱多病，经常需要吃药治疗，加上两个儿子都在上大学，每年的一大笔支出让熊志坚一家的生活变得更加拮据。而更让他头疼的是出远门挣钱，老母亲一个人在家没人照顾，万一出什么事一时半会回不来。

“找个离家近还能和妻子在一起的工作是我最大的心愿，哪怕苦点累点都可以。”熊志坚说。现实令人尴尬，他和妻子年龄都偏大，工作并不好找。

就在2019年4月初，熊志坚接到挂登村委会的通知：中交二航局华丽高速公路项目为本地区贫困户对口帮扶，提供就业岗位。除了中交二航局，还有其他来怒江帮扶的企业，但大多提供的工作岗位都在省外。尽管从怒江州兰坪县到丽江的华丽高速施工现场约172千米，不过，每天有6趟班车，用时约3.5小时，相比而言往来还算方便。

听到消息后，熊志坚激动不已，跟妻子一起立刻报了名，高兴得几宿都没睡着觉，“国家的精准扶贫政策让我看到了生活的盼头”。

2019年4月16日，熊志坚夫妇随着其他23名务工人员一同顺利到达中交二航局项目部。

他的老家大多数家庭世代在家务农，很少有人出去打工。而这一批务工人员中大多数也是第一次出来工作。看到雄伟壮观的金安金沙江大桥塔柱时，有些人忐忑了：这么高的地方太可怕了，自己干不好怎么办?

熊志坚知道这个就业机会对他来说是千载难逢的，他不仅没有放弃，还主动安慰同伴：“我们都是从大山里走出来的，有什么好怕呢，只要我们有吃苦耐劳的精神，只要肯干肯学，相信我们能干

←罗古箐丹霞地貌

➡箐花甸国家湿地公园

好！国家给了我们这么好的帮扶政策，我们一定要努力摘下贫困户的帽子。”

在他的鼓励下，与他同组的工人都留了下来。

在工地上经常能听到：老熊，帮我去办公室背一下仪器；老熊，帮我去开仓库门收一下外加剂……他在项目上就像一盒万金油。因为憨厚老实，大家都亲切地称他为“老熊”。

刚到工地的时候，熊志坚在项目部一工区做杂工。项目工长刘元平说：“老熊服从安排，工作积极、认真细心、爱学习，每次安排的任务都能保证按时完成，遇到不懂的他都虚心请教，进步很快，现在他已经成为小队长了。”

“我们就是吃了没有文化的亏，所以要努力工作，一定要让孩子大学毕业，用知识改变命运。”老熊说。每次项目部给他们提供岗位培训和技能培训，最主动积极参与的就是他。

2020 年 3 月，熊志坚便被安排到了一个新岗位。为保证施工质量，浇筑桥面混凝土时，项目部要求在搅拌混凝土之前添加一定的混凝土纤维。

熊志坚告诉笔者，之前做杂工虽然累，但不需要想太多，现在这份工作需要有细心和耐心，如果不按要求放量，对桥面系保护层外观质量有影响。负责指导老熊的项目技术员柏元帅说：“老熊能严格按要求完成任务，希望不要更换人员，让他干这份工作我放心！”

对熊志坚来说，如今的生活很幸福。此前在家收入主要靠农作物，一个月才 1000 元左右。现在，他们夫妻俩每人每月有 4500 元的工资，关键还包吃包住，每月用一个人的工资供孩子上学和照顾家里老人及其他支出，还能存 4500 元，“生活越来越好了”。

熊志坚经常念叨：“扶贫政策好！央企来到云南丽江不仅修建了大桥，还给我们山里人带来就业岗位，非常感谢中交二航局对我们贫困户的帮扶。我要靠勤劳致富，争取早日脱贫奔小康！”

兰坪的普米族这几年像和国城一样在家创业脱贫致富的大有人在，也有很多像熊志坚一样靠外出打工来脱贫致富的人。这几年，全县积极组织农村劳动力转移，在州外、省外各地工作，到 2020 年 4 月，普米族登记农村劳动力外出就业人数达 3432 人，为家乡在 2019 年提前一年脱贫出列贡献了他们的智慧和力量。

三、致富路上的普米族小伙子

挂登村里有个叫熊海军的小伙子，他家祖祖辈辈就住在普米家山寨，过去村寨交通闭塞，世世代代与贫困作斗争。他二十岁出头就开始闯荡社会，通过自己十几年的辛勤劳动，在村里众多的致富人里，他也成为其中一个。在县城里买了房子，过上了舒坦幸福的生活。

挂登村坐落在云岭深处，是新生桥国家森林公园的重要组成

挂登村

部分，绿水青山环绕着一个又一个的小山村。挂登村共辖 12 个村民小组，共有 537 户 1947 人，是以普米族主体民族的行政村，普米族有 1200 人，占总人口 61.63%。

虽然有良好的生态环境，但是挂登村依然贫困，贫困的原因归纳起来有这样几个方面：缺乏劳动力致贫的有 49 户 170 人，因病致贫的有 31 户 111 人，交通条件落后致贫的有 25 户 82 人，因学致贫的有 22 户 91 人，缺技术致贫的有 11 户 43 人，因残致贫的有 6 户 19 人，缺水的有 3 户 9 人，自身发展动力不足致贫的有 2 户 7 人，缺资金致贫的有 1 户 3 人。2013 年底挂登村共有建档立卡 150 户 535 人，贫困发生率为 27.48%。

平时，村里有喜丧事情熊海军都会回来帮忙。当他看到自己的家乡还是那么贫困时，乡情浓浓，觉得自己在农村长大，在农村才是自己施展能力的天地。他毅然将县城里的房子卖了，回到自己的家乡，决心在家乡做出一点事情。在国家大力扶持农村经济建设的浪潮里，因为他不是扶贫对象，所有的扶贫政策他都无法享受，所有的事情完全得靠他自己来解决。村里有集体经济体，他没有份，因而决定自己也成立一个实体，这样开始了他的事业。2018 年他开始种植大蒜，2019 年他将种植面积扩大到 60 多亩。两年多的时间里，他请了村里的劳动力接近 700 个工，支付了工资 7 万多元，还租了村里没有劳动能力的家庭的闲置土地，每亩每年支付 500 元租金，让闲置的土地充分利用起来，让农户得到了实惠。熊海军说："明年，我将继续扩大种植面积，将自己家的土地加上租地，达到 300 亩的规模，让闲置的土地发挥其作用，通过自己购买劳动力、租地等形式增加同胞的收入，为家乡的父老乡亲脱贫致富做点事。"朴实的语言，却是乡愁的表现。

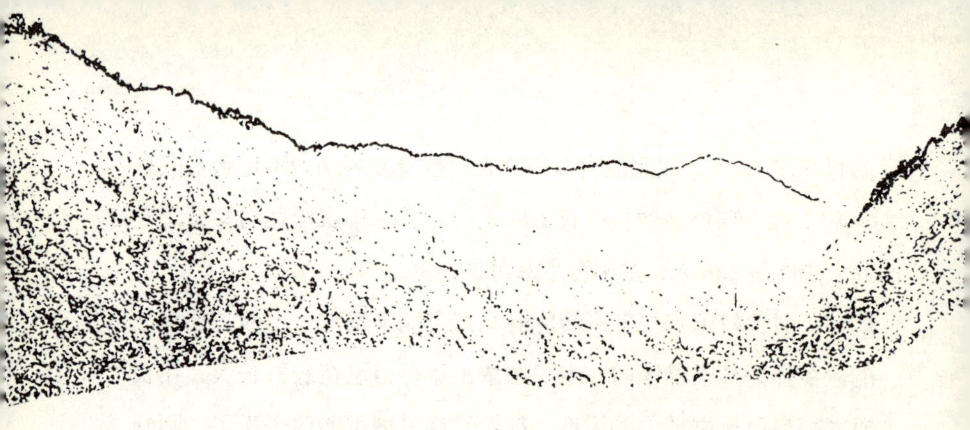

第五节 “人民满意的公务员”杨仕堂

为了在 20 世纪末基本解决云南省 440 万人的温饱问题，1999 年初，省委从省、州、县抽调 26 名民族干部组成了首批独龙江民族工作队。时任兰坪县人大常委会副主任的普米族干部杨仕堂同志被任命为工作队队长，并兼任怒江州扶贫办副主任。同年 5 月，杨仕堂与首批工作队队员带着省委的期望，来到了贡山独龙族怒族自治县的独龙江乡开展扶贫工作。

1999 年 5 月上旬，杨仕堂和工作队队员在高黎贡山的冰天雪地里风餐露宿了三天两夜后，才抵达了独龙江乡乡政府所在地的巴坡村。到了这里，他才真正感受到“对面说话听得见，握手却要走一天”的恶劣环境，从独龙江下游的青郎当寨子到独龙江上游的科裸洛、麻必洛寨子，不仅要徒步七八天，还要经过十几次滑溜过江、攀岩越峰，几十次爬坡钻箐、踩独木桥、过滴水岩。刚到乡上时，由于工作队队员都未经历过这种恶劣自然环境，加之人生地不熟，语言难沟通，不少队员产生了畏难情绪。他和副队长郭子孟、茶跃宏立即组织大家学习党的路线方针政策和省州党委、政府的各项重要指示，并开展以“讲学习、讲政治、讲正气、树形象”为主要内容的“三讲一树”和“争做艰苦奋斗的铁汉子、做发展进步的带头人、做独龙族人民的贴心人”的活动，使大家牢固树立起帮助独龙族人民群众脱贫致富的历史责任。他们一到乡上，顾不上旅途劳累，也来不及晾晒弄脏的行李，就风风火火一头扎进了独龙江乡群众中间。通过一个多月的时间与独龙族群众同吃、同住、同劳动，深入农户家中个别访问、三五成群谈话和实地调查，终于掌握了大量的有关独龙江乡社会经济发展的第一手资料，并拟定出《独龙江乡的现状与省委民族工作队总体工作方案》和《独龙江乡扶贫攻坚规划及年度实施计划》。这两份报告凝结着他和队员们的心血与汗水，得到了省、州、县三级领导的充分肯定，形成了开展扶贫工作的行动计划，同时被称为独龙江乡经济社会和生产协调发展的“百科全书”。为了认真实施这两份报告，在一年多的扶贫时间里，他和同事们不知吃了多少苦头，牺牲了多少个节假日。1999 年 6 月下旬，为了把《独龙江乡的现状与省委民族工作队总体工作方案》与《独龙江乡扶贫攻坚规划及年度实施计划》及时送到县里和州里审批，他带着一名年轻队员，踏着高黎贡山的积雪向县城进发。整整一天一夜冒

着风雪行进，他俩饿得头晕眼花，只好一路靠抠野菜充饥，啃冰雪来解渴，好不容易翻过高黎贡山，连滚带爬来到一个名叫“救命房”的地方，才碰上几个进独龙江的民工，他们身上也没有什么食物，就带了点食盐，向他们要了点食盐冲水喝来充饥。直到第二天晚上走到县城时，才发觉自己的脚指甲早掉了，不仅出血还发炎，双脚肿得像馒头一样大，疼得钻心。为了搞好扶贫工作，他们经常是没完没了地往返穿梭于独龙江两岸，有时在单根铁索上滑溜过江，有时要迈过几道摇摇晃晃的竹篾桥，有时要攀越几次险道，多次遇到险情。有一次，他从边远的龙云村返回乡上，在攀越一道悬崖险道时，因过于疲惫，身体劳累，体力不支，一脚踩空，向江边滚去，幸亏被江岸上一块大石头挡住，否则后果不堪设想。每当提起这次经历，队员们都说他命大。

为了帮助独龙族群众转变“独龙条件这样差，再苦再干也变不了”的旧观念，他们同群众一道开山炸石垒梯田，背运水泥砂石立电杆，扛运电机设备建电站，劈山凿道修公路。在发动群众修挖由孔目村至马库村长达 30 多千米的乡村公路中，他和每个队员承担了 170 米长的路面开挖任务。每天一干就是十几个小时，一个多月下来，他的体重下降了十几斤。在一次爆破中，一不小心，石头砸伤了他的脚，又恰逢气候炎热湿气重，皮肤受到了感染，造成大面积溃烂，队员和独龙族群众都心疼地劝他休息，但为了早一天修好公路，他就忍着伤痛，仍坚持在工地上和大家一道挖石填土、垒基筑路，直到完工。在他这种不怕苦不怕累的精神鼓舞下，当年，就组织发动群众新挖和改造稳产田 510 亩，积造农家肥 7000 多吨，还配合乡政府，在大雪封山前抢购抢运玉米、小麦、水稻和洋芋籽种 12.65 万斤，还购进地膜、尿素、磷肥 18.4 万斤，从而帮助独龙群众改变了“春撒几大瓢，秋收半箩筐”的落后耕作习惯。

为了启发引导独龙族群众增强摆脱贫困，勤劳致富的信心和决心，他和队员们分别组织召开了全乡党员会、干部会、团员会、民兵会、群众会等各种不同层次的会议 80 余次，到会群众超过 3000 人次。他们向独龙族群众宣传党的富民、利民和扶贫政策，宣传国内外大好形势，宣传科技知识，引导群众寻找致富门路。杨仕堂看到孔目村二社孔阿奔家，地多劳力少，不会想法动脑子，更不懂科学种田，年年辛苦年年饿肚子的情况，曾先后几次走进孔阿奔家，启发他转变观念，把从外地带回来的蔬菜籽种送他，并到他承包的地里手把手地教他种时令蔬菜，蔬菜成熟后，鼓励他把蔬菜背到乡集市上出售。当年孔阿奔一家仅蔬菜一项收入就达 700 多元。也因此带动其他独龙族群众，从祖先遗留下来的“以物易物”和“视买卖为耻辱”的陋习中挣脱出来，不少群众开始将自家农副产品和种植的蔬菜拿到集市上出售。

自 1999 年以来，在省、州、县各级领导的关心和各部门的大力支持下，通过两批工作队员的扎实工作和不懈努力，独龙江乡开始发生明显变化。当年人均占有粮食达到 295 千克，农民人均纯收入达 554 元，分别比工作队进乡时增加了 123 千克和 300 元。此外，在工作队的带领下，全乡完成农田基本建设 902 亩；修筑乡村公路 12 千米和 15 千米的人马驿道；完成了 3 个医疗点建设，改变了独龙江无医疗点的状况；修缮了 11 所小学校舍，修建 7 块水泥篮球场；完成了 4 件人畜饮水工程，解决了 500 余人和 400 余头（匹）牲畜的饮水困难；完成了 20 亩造林工程，建造了 20 个蔬菜大棚；新建成 4 座小水电站，安装了 5 套卫星电视设备和 4 套广播设备。自解放以来，独龙江第一次实现了村村通电，通广播电视和程控电话，从此揭开了独龙江乡和独龙族历史的崭新一页。这些变化，使独龙族群众深受感动，在欢送工作队队员时含着热泪说："是共产党派来的工作队第二次解放了他们独龙族人民。"时任云南省委书记的令狐安对我们工作组给予了高度评价："你和你的队员用汗水实践了三个代表重要思想。"

为了使独龙族群众早日脱贫，每个队员都牺牲个人小家，努力为独龙族兄弟办好事、办实事。2000 年 4 月下旬，杨仕堂受命赶往贡山县城向省委领导汇报工作时得知，几个月前，远在兰坪的妻子因患胸膜炎到 200 千米外的下关做了手术，年老的母亲患病住进了兰坪县医院。直到 4 月底，经组织再三动员，他才匆匆赶回兰坪看望母亲和妻儿。他人在兰坪家里，心里却牵挂着独龙江群众和工作，在家住了几天，匆匆料理了一下家务，又回到了独龙江，直到完成了工作队的任务。有人问他在独龙江民族工作队工作有什么体会时，他的回答是："我也是人口较少的普米族干部，为了独龙族群众早脱贫，愿做独龙兄弟贴心人。"

如今的杨仕堂早已退休在家，可是每天坚持看新闻联播，当他看到 2018 年独龙江乡 6 个行政村整体脱贫，独龙族实现整族脱贫，当地群众委托乡党委给习近平总书记写信，汇报独龙族实现整族脱贫的喜讯时，他就觉得和自己的民族脱贫一样让他欢欣鼓舞，对着家人说："你们看看，独龙族人民脱贫过上幸福生活了。"

2019 年 4 月 10 日，习总书记给乡亲们回信，祝贺独龙族实现整族脱贫。"脱贫只是第一步，更好的日子还在后头。"习总书记勉励乡亲们再接再厉、奋发图强，同心协力建设好家乡、守护好边疆，努力创造独龙族更加美好的明天。这是中央对历年来独龙江乡脱贫工作的肯定，也是对独龙族人民过上幸福生活的各级扶贫干部队伍的高度赞赏。当杨仕堂从电视里看到这一消息时激动地说：“我们都是人口较少的民族，独龙族人民实现了整族脱贫，对我们启发很大。我们普米族也要努力奋斗，争取早日实现脱贫致富的目标。”

第七节　感受普米族山寨

2008年10月，我陪《中国56个民族全家福》项目拍摄组一行来到了地处云南省的西北地区，深入崇山峻岭中的兰坪河西乡箐花村玉狮场，这是一个隐藏在云岭深处、纯正的普米族自然村。据考证，普米族在此定居已逾500年，现繁衍生息着80多户360多个族人。从河西乡到玉狮场19千米，汽车在原始森林里的林区道上开了一个半小时。最后，在距离村子还有三四千米的地方停下，远远望去，远方的村子依稀可见。汽车却无法前行，无奈，背上摄影器材与行李徒步来到了风景秀丽、与世隔绝、民风纯朴的玉狮场。

晚上，我们分别住在普米族村民家里，我和吴老师是安排在杨珍美家。杨珍美是土风计划的实施者，又是怒江州普米族四弦

普米族火塘

舞乐的州级非物质文化遗产传承人，她家住在靠村头边的一个坡地上。她的父亲是一个能说会道的人，对民间的歌舞了解很深，还具有很好的唱跳能力，和他老人家做了一些交流，更加深了我对普米族历史文化的了解。入夜，我们睡在他们家最好的木楞房里。回想着和普米族老人的聊天内容，感觉到这个民族对自己历史的来龙去脉有着如此清晰的记忆，不禁让人肃然起敬。躺在床上，村里偶尔的狗叫声，让在森林里的村寨显得更加宁静。

鸡刚叫头遍，天还没有亮，同行来村里的普米族同胞就来喊吃早饭了，我觉得很奇怪，怎么那么早就吃早饭呢？吃完了第一家，另一家就有人等着我们再去他家吃，我感到越来越纳闷了，这怎么吃得下呀？又不好问。所以紧接着我们继续去第二家吃饭。吃完了两家的早饭，天逐步放亮，我们准备拍摄“普米族一家人”的全家福照片的工作，等待光的出现。趁着空隙，我就问了玉狮场小组的组长，为什么那么早吃饭，他说：“这个是普米族的习俗，叫抢客。当村子里来了外面的客人，要抢客人在自己家吃饭，而且一家接一家轮流来请，能请到客人来自己家吃饭，就会觉得自己家非常有面子了，特别是请到头客更是觉得稀奇。”我这才恍然大悟。

这时候，拍照片的光线恰好，我们工作组一行在陈海文老师的指挥下有条不紊地开展各自的工作。拍完照片，差不多是中午十二点了。这时，我们借住的杨珍美家来喊吃饭了，她们家杀了一只羊子，这是普米族待客的最高礼节。我们一行人到了她家，深刻地感受到普米族同胞热情好客的浓浓氛围。

2020 年，时隔 12 年，陈海文先生再次来兰坪；为了庆祝即将到来的中国共产党成立 100 周年，认真记录下在中国共产党领导下的各民族人民幸福生活，准备出版发行《未来之前》大型图文并茂的画册。我们又在一起共同收集完善兰坪有关普米族的材料，当我向他谈及 12 年前在玉狮场的感受时，他也开始跟我们讲述了那年的感受：

我住进了半山腰一间木结构房屋，建筑墙壁用圆木重叠垒成，木板房顶，当中是主屋，除了一张床外没有太多的家具。主人是个中青年，很客气，据说，这房是他今后结婚用的，主屋的右隔壁住着他的父母。

安排好住宿，一行人散去，中年主人也去了其他人家。夜深人静，本想出门找个地方方便一下，然后可以早点休息。但当一

触动房门，外面突然响起一阵狗叫声，黑灯瞎火中的狗叫声让人毛骨悚然，被吓到了，还是回到床上和衣睡觉。海拔 2400 多米的深山上，寒风从圆木垒起的墙缝中吹进，坚持到凌晨三点多，实在冻得不行；这时右壁传来一些木柴燃烧的声音，光亮通过缝隙透了过来。起床推门进去，只见房主的父亲端坐在火塘前。火塘的后面是个神龛，神龛很简单，两根小方木支一块搁板。神龛周围光线有点昏暗，只见有一瓶酒和一些祭祖先的供品。火塘中支

着铁三脚架，围着火塘三面的是卧铺，卧铺的一角有个带锁的木柜，这是房中唯一的家具。简单的陈设，一件多余的东西都没有。我用敬畏的姿态站在门口，老人无表情地抬头说了一句："进来坐嘛！"火塘很暖和，三脚铁架上烧着一壶水，老人问了一句："喝茶吗？"我忙着应声："好嘛。"这时，老人不慌不忙，很有仪式感地用右手伸进上衣的内口袋掏出一把钥匙，慢慢地起身，移动到木柜旁，打开锁、翻起盖板，侧身伴手摸进柜里，拿出一个旧

↑火塘边的普米老人

↓晾晒

黄纸包着的小纸包，认真地打开纸包，两指轻轻地拿捏了几片茶叶放进水壶，然后，把还没剩多少茶叶的纸包小心翼翼地重新包上，放回柜里，锁上锁，坐回火塘前……水烧开了，房主的老母亲从门外进来，看得出她在屋外已经忙活了一阵，伸手帮我们倒上了两碗茶，一转身又出门了。除木柴在火堆燃烧所发出的一点声响外，屋内陷入了岑寂。我试探着问起："老人家，您在这里生活了多久？"老人说："从小嘛，这房子是爷爷传给我爸爸的。""您在这里生活主要有什么经济来源？"他说："从前，我们祖辈们一直去远山上伐木，我们原来也是这样的，但前些年政府不让伐木了，每人补贴三百元。"我惊讶地问道："一年吗？""对嘛，我们现在的日子过得好嘛，养一些牛羊家禽，每年可以换一些家里食用的东西，够了嘛。"此时，他流露出一丝满足的眼神，我来之前查过资料，普米族人对自然环境保护得常好，他们不乱砍树木，崇拜自然，对树木、牛羊很爱护，伐木砍树也跑去最远的山上，砍完了马上种树，这是几百年养成的习惯。

火塘里的木柴燃烧得很旺，身体被烤得有些暖和起来，我趁着缓和的气氛接着就问：“如果现在政府在山下造好了房子让你们下山住，您去吗？”老人突然陷入了沉思，好长一段时间，他嘴上喃喃自语：“住在这里习惯了嘛……”嘴上这么说，但他的眼神里有一种对新生活的陌生与纠结。当然，更多的是老人对祖辈家园的守望和对过去生活的习惯与依恋。看到这一切，我的内心百感交集。屋内又是一片岑寂。

天开始点点泛亮，屋外的公鸡阵阵啼鸣。老人家问我：“在这里吃早饭嘛！”我说：“好的，谢谢！”屋主的老母亲又推门进来，用一块老猪肉油下了一大铁锅锅底，把一大锅昨晚烧的饭舀进了

玉狮场村敬山神

铁锅里，老人家又从上衣内的口袋取出钥匙打开木柜，伸手取出了一个鸡蛋交给他老伴，老伴把鸡蛋打到饭里拌匀，看这一大锅饭，我好奇地问老人家：“为什么要烧这么大一锅饭？还有其他人来吃吗？”老人家说：“吃完早饭，把剩余的饭装进竹筒带着，这是我俩中午和晚上一天的食粮。”这时，我的助手打来电话，我匆忙地吃了一碗蛋炒饭，起身告别。

碰到乡里陪我们进村的干部，我热切表示想帮老两口拍几张照片，今后给他们寄来，乡干部即刻赶去，但没多时他回来告诉我说不用了，因为他俩已经赶着牛羊满大山放牧去了，要到晚上天黑才会回家睡觉。“每天这样吗？”“每天这样，一年 365 天。”

很久以后，那晚的情景还时常萦绕在我的心里，挥之不去。他们是那么坚定地认同着自己所身处的这个环境，他们把自己看作是自然中的一个元素，没有繁冗的物质堆砌，简单到不能再简单的生活画面，反而让他们的每一个举止都浸透着异常清晰和深刻的印象。脑海里经常出现这对老年人，一年 365 天，风雨无阻，满大山地与一群牛羊天地合一的画面……总会勾起一股难以名状的感伤和一丝淡淡的无奈。琐屑的日常生活和简单的满足原则，使生活处于平和、宁静、沉着而又宿命的状态。我们作为人类，天性中带着用简单而朴素的方式达到自我满足的状态，所谓的幸福感觉，可能就是这样产生的。现实生活中，身处浮世的我不断地需要这种陷身于平凡的背后，却可以被感知的画面作为养料，来安静自己。

↑玉狮场的村民们

↓玉狮场村

当我们听完陈老师娓娓道来的往事后我告诉他，现如今，公路已经修到村里，而且是水泥路面。他们的居住条件也都好了，已经实现了您说的“政府在山下造好了房子让你们下山住”的愿望。贫困户的房子不仅盖好在山下，而且是在乡镇、县城、州府驻地最好的地方为贫困户盖了房子，并且为贫困户添置了家具，购置了生活用品，都过上了好日子了。陈海文先生也目睹了兰坪

兰坪县城

县城周围建盖的那么多的易地搬迁安置房，我们都共同深刻地感受到中国共产党是全心全意为人民群众办实事办好事、为人民谋福利的政党，共产党的光辉和温暖无处不在。陈先生说：“我看到这些巨变，更加坚定了我把民族的故事讲好、把民族的幸福生活记录好的决心和信心。”

参考文献

1. 云南省兰坪白族普米族自治县志编纂委员会 . 兰坪白族普米族自治县志 . 昆明：云南民族出版社，2003.

2. 兰坪县民族事务委员会，兰坪县政协民族研究会 . 普米族志 . 昆明：云南民族出版社，2000.

3. 胡文明 . 普米研究文集 . 昆明：云南民族出版社，2002.

4. 普米族民间文学集成编委会 . 普米族歌谣集成 . 北京：中国民间文艺出版社，1990.

5. 普米族民间文学集成编委会 . 普米族故事集成 . 北京：中国民间文艺出版社，1990.

6. 兰坪白族普米族自治县文化局 . 兰坪民间舞蹈 . 昆明：云南民族出版社，1994.

7. 施中林 . 兰坪歌谣集成 . 昆明：云南美术出版社，1994.

8. 丽江普米文化研究室编，胡文明主编 . 南语：汉藏民族走廊的一种古代语言 .（内部印刷）.

9. 杨照辉 . 中国人口较少民族丛书 · 普米族 . 昆明：云南民族出版社，2007.

10. 宋兆麟 . 泸沽湖畔的普米人 . 昆明：云南教育出版社，2009.

11. 兰坪文化 .（内部期刊）.

12. 兰坪白族普米族自治县普米族研究委员会 . 普米古歌集 . 昆明：云南民族出版社，2020.